KB111148

직 장 인,
전환점이
필요할때
지금
논어

직장인,전환점이 필요할때

지금논어

초판 1쇄 인쇄 2019년 12월 15일
초판 1쇄 발행 2019년 12월 20일

지은이 최종엽
펴낸이 백유창
펴낸곳 도서출판 더테라스

신고번호 제2016-000191호
주 소 서울 마포구 양화로16길 2층
Tel. 070-8862-5683
Fax. 02-6442-0423
seumbium@naver.com

ISBN 979-11-958438-3-1

값 12,500원

직.장.인.

전환점이 필요할 때

지금
논어

최종엽 지음

도서
출판 **THE TERRACE**

차례 _

| 4부 | 다가올 나의 미래를 점검하라

論語不遠

논어불원

공자는 말했다.
15세에 학문에 뜻을 두었고
30세에 일어섰다.
40세에 흔들리지 않았고
50세에 하늘이 내린 소명을 알게 되었다.
60세가 되니 무슨 말을 들어도 귀에 거슬리지 않았으며
70세가 되니 마음대로 해도 도에 어긋나지 않았다.

어느 유명대학 교수는 노벨 과학상을 받기 위한 스펙을 이렇게 표현했다.
30세 이전에 박사 학위를 마치고 독자적 연구를 시작해
40세에 노벨상급 연구를 완성하고
50세에 울프상 등 '프리 노벨상'을 받고
60세에 노벨상을 받는다.

한편 인터넷에서는 이런 이야기가 떠돈다.

20대는 답이 없다.
30대는 집이 없다.
40대는 내가 없다.
50대는 일이 없다.
60대는 돈이 없다.
70대는 낙이 없다.

2500년 전 공자에게 사람과 미래를 묻다

세상에 논어에 관한 책은 너무도 많다. 수천 년의 시간 속에 동서양의 많은 나라에서 수천종류의 논어에 관한 책들이 출간되었다. 송나라 주자(朱子)로부터 조선 후기 대학자 정약용에 이르기까지 논어를 해석한 해설서들이 있다. 논어에 관한 다양한 책들은 분명 논어에 대한 지대한 관심이 만들어낸 일종의 패러디가 아닐까라는 생각이 든다.

'죄와벌, 그리스로마 신화, 로미오와 줄리엣'을 읽는 이유는 우리가 꼭 러시아를 좋아하고 그리스와 로마를 흠모하고 영국을 사랑해서가 아닐 것이다. 고전을 읽으며 인간이 가지고 있는 깊은 고민과 삶에 대한 통찰, 자유와 선악, 사랑을 더 깊이 생각할 수 있는 간접기회를 갖기 위해서일 것이다. 논어 또한 그렇다. 중국을 흠모해서도 오래된 춘추시대와 공자를 그리워해서도 아니다. 수천 년 전 어떤 위대한 스승과 제자들 간에 나누었던 간명한 대화를 통해 조금 더 밝고 바른 삶의 길을 생각해 볼 수 있기 때문일 것이다.

기독교를 전파하기 위해 16-17세기 중국으로 서구 예수회 선교사들이 들어갔다. 당시 선교사들에게 우선 필요했던 것은 선교보다 중국을 이해하는 일이었다. 중국을 먼저 알아야 한다는 판단아래 17세기에 이미 '논어' '맹자' '대학' '중용' '주역' '효경' '소학' 등은 라틴어(1687년)와 영어(1691년)로 번역했다. 특히 논어는 1621년 최초로 라틴어로 번역되었다.

동양의 고전이 라틴어와 영어로 번역되면서 볼테르, 라이프니츠, 루소, 케네, 흄, 애덤스미스등 당대 유럽의 최고의 지식인들은 공자를 숭배하기 시작했다. 공자사상은 1688년 영국 명예혁명부터 1789년 프랑스 대혁명까지의 약 100여 년간 18세기 유럽의 계몽주의 사상의 씨앗이 되었다. 계몽주의의 선도 주자였던 볼테르는 영국의 경험론을 배경으로 공맹철학을 전면적으로 수용해 합리주의 철학을 버리고 근대화 혁명의 지도 이념으로 삼았다. 그는 공자의 법을 따랐던 시대를 지구상에서 가장 행복하고 가장 존경할 만한 시대로 평가했다. 그는 공자의 탈종교적 인간상, 인의 도덕 철학, 사해 동포주의적 휴머니즘에 매료되었다.

독인의 철학자 칼 야스퍼스는 1959년 '역사의 기원과 목표' 라는 책에서 인류 문명사에 일대 축을 긋는 '문명의 돌출기'를 '축심시대'로 정의했는데 기원전 800년에서 기원전 200년 까지라고 말했다. 공자는 기원전 551년에 태어나 73세까지 살았다. 사서삼경(四書三經)을 축으로 하는 그의 핵심사상은 수 천년동안 동양 문명과 인간의 삶에 지대한 영향을 미쳤다. 인도의 석가모니는 공자보다 조금 앞선 띠 동갑 선배였다. 공자보다 약 30여 년 전에 태어난 유명한 수학자도 있다. 피타고라스 정리로 유명한 고대 그리스의 수학자 피타고라스가 바로 그 사람이다. 만물의 근원은 물이라고 주장했던 철학의 아버지 탈레스는 공자보다 약 70여 년 전 사람이다. 공자가 죽은 뒤 약 10여 년 후에 고대 그리스에서 소크라테스가 태어났다. 소크라테스 40여년 후에 서양 철학의 주춧돌로 불리는 플라톤이 태어났고, 플라톤 40여년 후에 아리스토텔레스가 등장한다. 아리스토텔레스는 당시 알렉산더 대왕의 스승으로도 유명하다. 아리스토텔레스가 죽고 난 후 10여 년 후에 동양에서는 성선설을 주장한 맹자가 태어났고 3년 후에는 장자도 태어났다. 성악설을 주장한 순자도 50여년 후인 전국시대에 태어났다. 기원전 마지막으로 예수가 태어났다. 탈레스, 피타고라스, 석가모니, 공자, 소크라테스, 플라톤, 아리스토텔레스, 맹자, 장자, 순자, 예수까지만 들더라도 칼 야스퍼스가 기원전 800년부터 기원전 200년까지를 축심시대라고 정의한 것이 그냥 나온 것이 아니라는 것을 알 수 있다.

축심시대를 만들었던 그 성인들의 발자취와 말 한마디 한마디가 지난 2000년 이상 우리의 삶에 지대한 영향을 미쳤다. 정신적 문화적 사회적 발전에 커다란 공헌을 했다. 지금도 그 현인들의 영향에서 벗어나지 못하고 있는 것이 사실이다. 그들과 함께 했던 시대는 우리의 고전이 되었으며, 고전은 현재로 이어져 미래로 달려가고 있다.

소크라테스는 덕과 지혜를, 석가모니는 자비를, 예수는 사랑을, 공자는 인을 가르쳤다. 예수는 말했다. "대접받고 싶은 대로 남을 대접하라." 공자는 말했다. "네가 하기싫은 일이라면 남한테도 시키지 말라." 인생의 황금률이다. 시대와 지역을 떠나 이 현인들의 마음이 통하는 것은 사람의 삶이 그러하기 때문일 것이다. 옛날이나 지금이나 그들의 말이 황금률인 이유는 사람들의 삶이 그러하기 때문이다. 사람들의 삶이 시대와는 상관없이 비슷하기 때문이다.

사람을 이기려면 손자병법을 읽고, 사람을 파악하려면 한비자를 읽고, 사람을 다스리려면 논어를 읽으라는 말이 있다. 사람을 다스리려면, 사람을 관리하려면, 사람을 경영하려면, 아니 사람들과 함께 일을 하려면 논어를 읽어보라는 말일 것이다. 아이를 키우는 부모든, 아이를 가르치는 교사든, 성인들과 함께 일을 하는 직장이든, 사람들 속에서 사람들과 부대끼는 일이라면 논어를 읽어보라는 말일 것이다. 2500년을 면면히 살아 숨 쉬는 지혜의 정수를 찾아낼 수 있을 것이기 때문이다.

오랫동안 여러 곳에서 다양한 사람들에게 논어를 강의하고 이야기 하면서 느꼈던 것들을 6년 전에 냈던 책에 보완하여 이번에 새롭게 출간하게 되었다. 졸필에 내용 또한 무지하고 몽매하지만 그동안 논어를 멀리했던 사람들에게 비둘기 깃털 하나 만큼의 작은 도움이라도 된다면 최고의 행복이라 생각하면서 글을 마감한다.

2019년 여름 최종엽

1부

배워야 한다

吾嘗終日不食
終夜不寢
以思無益
不如學也

공자가 말했다.
내 일찍이 하루 종일 먹지도 못하고,
밤이 새도록 자지도 못하면서 고민하고
생각해보았지만 도움 되는 것이 없었다.
배움만 한 것이 없었다.

오 상 종 일 불 식
종 야 불 침
이 사 무 익
불 여 학 야

논어 위령공편 제30장

^{子日} **"내 일찍이 하루 종일 먹지도 못하고, 밤이 새도록 자지도 못하면서 고민하고 생각해 보았지만 도움 되는 것이 없었다. 배움만 한 것이 없었다."**

'세상은 생각하는 대로 된다' 맞는 말이지만 누구에게나 적용되는 말은 아니다. '세상은 배운 대로 된다' 맞는 말이면서 누구에게나 적용되는 말이다. How 보다 중요한 것은 What 이고 What 보다 중요한 것은 Why다. 어떻게 배우는가보다 중요한 것은 무엇을 배우는가이다. 무엇을 배우는가보다 중요한 것은 왜 배우는가이다. 좋아하는 것을 배우는 이유는 조금 더 행복해지기 위해서다. 행복한 일은 오래 할 수 있고 오래하는 일은 그만큼 성공 확률도 더 크다. 그런데 문제는 무엇을 좋아하는지 모른다는 것이다. 사람들은 좋아하는 것을 찾다 인생의 모든 시간을 다 쓸지도 모른다.

^{論語} 배움을 이길 것은 없다

평범한 직장인을 비범하게 만들고 평범한 상공인을 비범한 상공인으로 만드는 방법, 보통의 재주를 특별한 강점으로 만들고 보통 사람을 특별한 사람으로 만드는 방법, 그런 것이 있다면 그것은 무엇일까? 누구에게나 적용 가능하면서도 사람의 가치를 올리는 탁월한 전략이 있다면 그것은 무엇일까? 전쟁과 혼돈의 격변시기 춘추시대를 살았던 공자가 자신의 과거를 회상하면서 이렇게 말했다.

子曰 吾嘗 終日不食 終夜不寢 以思無益
자왈 오상 종일불식 종야불침 이사무익

내 일찍이 하루 종일 먹지도 못하고, 밤이 새도록 자지도 못하면서 생각해 보았지만 도움 되는 것이 없었다.

생각하고 또 생각해 보았지만 끼니도 거르고 잠도 설쳐가면서 생각하고 고민하고 또 생각해 보았지만 별로 도움 되는 것이 없었다는 공자의 고백이다. 그것은 그때나 지금이나 다르지 않은 것 같다. 지금도 많은 사람들이 고민하고 또 고민을 하고 있다.

학생들은 학점과 졸업과 취업을 생각하느라, 낮에는 밥맛도 없고 밤에는 잠을 설친다. 좋은 방법이 없을까? 지름길은 없을까? 길을 찾다 지쳐간다. 직장인은 실적과 인간관계를 고민하느라, 낮에는 밥맛도 없고 밤에는 잠을 설친다. 좋은 방법이 없을까? 단번에 해결할 수는 없을까? 고민으로 밤잠을 이루지 못한다. 퇴직자는 생활비와 체면을 고민하느라, 낮에는 밥맛도 없고 밤에는 잠을 설친다. 좋은 방법이 없을까? 임시직이라도 가능할까? 주름이 깊어만 간다. 생각만 해서 일이 풀린다 하면 얼마나 좋을까. 깊이 생각하면 생각할수록 일이 술술 풀린다면 얼마나 좋을까.

子曰 吾嘗 終日不食 終夜不寢 以思無益 不如學也
자왈 오상 종일불식 종야불침 이사무익 불여학야

내 일찍이 하루 종일 먹지도 못하고, 밤이 새도록 자지도 못하면서 생각해 보았지만 도움 되는 것이 없었다. 배움만 한 것이 없었다.

공자는 말했다. 여러 골치 거리 문제를 해결해 보려고 낮이건 밤이건 생각에 생각을 거듭해 보았지만 답을 찾을 수가 없었다. 오랜 시간이 지나 그 이유를 찾아보니 그것의 답은 생각에 있는 것이 아닌 배움에 있었다고 한다. 생각만으로 해결되는 것이 없다는 말이다. 밤낮으로 아무리 골똘히 생각을 한다 해도 도움 되는 것이 없었는데 배우고 실행하면서 그 골치 거리가 풀렸다는 말이다.

세상은 생각하는 대로 된다는 말이 있지만 생각대로 되는 그런 것이 세상엔 얼마나 있을까? 생각대로 된다면야 더할 나위 없이 좋겠지만 그게 말처럼 그렇게 쉽지 않다는 것을 우리는 잘 알고 있다. 그럼 세상은 어떤 대로 될까? 공자의 말처럼 세상은 배운 대로 되는 것이 아닐까? 어머니 품속과 아버지 무릎에서 세상을 익히고, 선생님과 책을 통해서 지식과 세상을 배우고, 직장과 일을 통해서 삶과 일을 배우고, 친구와 연인을 통해서 청춘과 사랑을 배우고, 선배와 어른을 통해서 질서와 사회를 배우고, 그렇게 지금까지 누군가를 통해서 배워왔던 결과가 오늘의 내가 아닐까?

생각도 배움이 있은 후에야 좋은 결과가 나오고 고민이 고민으로 해결되기란 정말 고민스러운 일이다. 배움은 학교를 졸업했다고 해서 끝나는 것이 아니다. 배움은 학교에서 혹은 책상에 앉아야만 가능한 것도 아니다. 직장은 학교보다 더 큰 배움이 기다리고 있다. 학교를 졸업하면 지긋지긋한 시험과 학점의 공포로부터 해방될지는 몰라도 직장엔 더한 공포가 기다리고 있다. 학교의 시험과 학점이 스트레스를 주기는 하지만 돈을 직접 빼앗아 가지는 않는다. 직장에서 배움이 소홀하면 스트레스는 높아지고 월급은 깎이는 수모를 당하기도 한다. 그래서 직장인은 보통 이렇게 말하곤 한다. "내가 학교 다닐 때 지금처럼 공부했으면 서울대는 갔을 것이다."

사회는 직장보다 더 큰 배움이 실행되는 곳이다. 퇴직하면 배움이 종료될 것 같지만 진짜 배움의 시작은 퇴직 이후 혹은 은퇴 이후에 벌어질 수 있다. 기대 수명은 길어지는데 어떤 직장인은 사십 중반에 중도퇴직으로 나오고, 어떤 직장인은 오십 초반에 명예퇴직으로 나오고, 어떤 직장인은 대운을 맞아 육십에 정년퇴직으로 나온다. 중퇴자는 5,60 여년이나 더 살아야 하고, 명퇴자는 4,50 여년이나 더 살아야 하고, 정퇴자도 3,40 여년이나 더 살아야 하는

데, 배움 없이 그 긴 세월을 버틸 수 있는 사람이 얼마나 될까.

삼성 창업주 이병철 회장은 그의 자서전에서 이렇게 이야기 했다. " 기업이 귀한 사람을 맡아서 훌륭한 인재로 키워 사회와 국가에 쓸모있게 하지 못한다면 그것은 부실경영과 마찬가지로 범죄를 짓는 행위인 것이다. 기업은 사람을 만드는 곳이다. 일년지계(一年之計)는 곡식을 심는 일이요, 십년지계(十年之計)는 나무를 심는 일이요, 백년지계(百年之計)는 사람을 기르는 일이다. 설사 기른 인재가 기업을 떠나도 잡지 않는다. 국가도 결국은 사람이기 때문이다. 기업에서 인재를 기르는 일은 결코 무의미한 일이 아니다."

論語 계경(鷄經)

직장이 학교는 아니지만 생각에 따라 좋은 학교가 될 수 있다. 직장은 학교보다 더 큰 배움이 기다리고 있다. 직장에선 무엇을 어떻게 배워야 할까? 200여 년 전 다산 정약용의 편지로부터 그 힌트를 얻을 수 있다. 천리타향 전남 강진의 유배지에서 다산은 고향으로 많은 편지를 썼다. 편지로 장성해 나가는 자식들을 끊임없이 훈육했다. 한번은 둘째 아들이 닭을 키운다는 소식을 들은 다산은 둘째 아들(학유)에게 이렇게 편지를 쓴다.

네가 양계(養鷄)를 한다고 들었다. 닭을 치는 것은 참 좋은 일이다. 하지만 닭을 기르는 데도 우아한 것과 속된 것, 맑은 것과 탁한 것의 차이가 있다. 진실로 농서를 숙독해서, 좋은 방법을 골라 시험해 보기 바란다. 빛깔에 따라 구분해 보기도 하고, 횟대를 달리 해보기도 해서 닭이 살지고 번드르르하며 다른 집보다 번식도 더 낮게 해야 한다. 또 간혹 시를 지어 닭의 정경을 묘사해 보도록 해라. 기왕 닭을 기른다면 모름지기 백가의 책 속에서 닭에 관한 글들을 베껴 모아 차례를 매겨 《계경(鷄經)》을 만들어보는 것도 좋겠구나. 육우의 《다경(茶經)》이나 유득공의 《연경(烟經)》처럼 말이다. 속된 일을 하더라도 맑은 운치를 얻는 것은 모름지기 언제나 이것을 예로 삼도록 해라.

양계를 해도 군자답게 신사답게 선비답게 리더답게 하라는 말이다. 당나라 육우라는 사람은 차 농사를 지으면서도 한 권의 책을 썼고, 당시 유득공은 담배 농사를 지으면서도 한 권의 책을 썼으니, 네가 이왕 닭 농사를 할 계획이라면 양계 노하우를 정리하여 한 권의 책을 쓰라는 외로운 아버지의 따뜻한 가르침이다.

책을 쓰라는 것은 사실 핑계일수 있다. 책을 쓰려면 목차를 정하고 자료를 모으고 정리에 정리를 반복해야 한다. 닭에 관한 많은 책을 읽어야 하고 양계에 관한 더 많은 실험을 해야 한다. 아주 작은 소재꺼리도 버리지 못하게 되고 깨알같이 매사를 기록해야 한다. 책 쓰기를 빌미로 양계에 몰입을 시키려는 아버지의 고단수 전략인 것이다. 농사밖에 할 수 없는 폐족집안의 아들에게 다산은 계경을 소재로 훈육을 했다. 양계도 송백(松柏)이 될 수 있다는 것을 아들에게 가르치고 있는 것이다. 양계도 잘만하면 자신의 강점이 될 수 있다는 것을 보여준 것이다.

다산 정약용이 타임머신을 타고 200여년을 날아와 성과와 실적, 특별한 업무강점 때문에 고민하는 오늘의 직장인들을 본다면 이런 편지를 쓰지 않을까? 인사업무를 하고 있는 직장인에게는 인사업무를 하면서 인사 관련 한 권의 책을 만들어 보라고 권유를 할 것이다.

네가 인사(人事)를 한다고 들었다.
인사를 하는 것은 참 좋은 일이다.
하지만 인사를 하는데도 우아한 것과 속된 것, 맑은 것과 탁한 것의 차이가 있다.
진실로 농서를 숙독해서, 좋은 방법을 골라 시험해 보기 바란다. 빛깔에 따라
구분해 보기도 하고, 횃대를 달리 해보기도 해서 닭이 살지고 번드르르하며
다른 집보다 번식도 더 낫게 해야 한다. 또 간혹 시를 지어 닭의 정경을 묘사
해 보도록 해라. 기왕 닭을 기른다면 모름지기 백가의 책 속에서 닭에 관한 글
들을 베껴 모아 차례를 매겨 《계경(鷄經)》을 만들어보는 것도 좋겠구나. 육우의
《다경(茶經)》이나 유득공의 《연경(烟經)》처럼 말이다. 속된 일을 하더라도 맑
은 운치를 얻는 것은 모름지기 언제나 이것을 예로 삼도록 해라.

　영업업무를 하고 있는 직장인에게는 영업업무를 하면서 영업 관련 한 권의
책을 만들어 보라고 권유를 할 것이다.

네가 영업(營業) 을 한다고 들었다.
영업을 하는 것은 참 좋은 일이다.
하지만 영업을 하는데도 우아한 것과 속된 것, 맑은 것과 탁한 것의 차이가 있다.
진실로 책을 숙독해서, 좋은 방법을 골라 시험해 보기 바란다.
조직에 따라 구분해 보기도 하고, 방법을 달리 해보기도 해서 영업 전략이 강
해지고
직원의 사기도 올려 다른 기업보다 성과도 더 낫게 해야 한다.
또 간혹 시를 지어 영업의 정경을 묘사해 보도록 해라.

기왕 영업을 한다면 모름지기 백가의 책 속에서 영업에 관한 글들을 베껴 모아
차례를 매겨《영업백서(營業白書)》을 만들어보는 것도 좋겠구나.
육우의《다경(茶經)》이나 유득공의《연경(烟經)》처럼 말이다.
어떤 일을 하더라도 맑은 운치를 얻는 것은 모름지기 언제나 이것을 예로 삼
도록 해라.

　취미가 여행인 중년에게는 여행을 하면서 여행 관련 한 권의 책을 만들어
보라고 권유를 할 것이다.

네가 여행을 한다고 들었다.
여행을 하는 것은 참 좋은 일이다.
하지만 여행을 하는데도 우아한 것과 속된 것, 맑은 것과 탁한 것의 차이가 있다.
진실로 책을 숙독해서, 좋은 방법을 골라 시험해 보기 바란다.
지역에 따라 구분해 보기도 하고, 계절을 달리 해보기도 해서 전체 실적이 번
드르르하며
다른 사람보다 더 낫게 해야 한다. 또 간혹 글을 지어 여행의 정경을 묘사해
보도록 해라.
기왕 여행을 한다면 모름지기 다양한 책 속에서 여행에 관한 글들을 베껴 모아
차례를 매겨《여행백서》을 만들어보는 것도 좋겠구나.
육우의《다경(茶經)》이나 유득공의《연경(烟經)》처럼 말이다.
어떤 일을 하더라도 맑은 운치를 얻는 것은 모름지기 언제나 이것을 예로 삼
도록 해라.

🔖 인생은 생각대로 되는 게 아니라 배운 대로 된다

사실 인생은 생각의 연속이다. 살아있다는 것은 생각한다는 것을 의미한다. 어떻게 하면 좀 더 편하게 살까. 어떻게 하면 좀 더 재미있고 행복하게 살까. 어떻게 하면 남들보다 높이 올라가서 세상을 내려다보며 살까. 어떻게 하면 좀 더 건강하게 살까. 어떻게 하면 좀 더 의미 있는 인생을 살 수 있을까. 우리는 누구나 이런 생각을 하며 산다. 하다못해 유치원생도 생각을 한다. 초등학생도 중학생도 생각을 하며 살고 이들의 생각은 고등학생, 대학생이 되면 성장한다. 하지만 직장인이 되면 생각에 짓눌리고 직장에서 퇴직하게 되면 생각이 무서워진다.

세상이 내 생각대로 움직여준다면 무슨 걱정이 있겠는가? 인생이 아무리 생각의 연속이라 해도 세상은 내 생각대로 되지 않는다. 세상은 생각대로 되는 것이 아니라 배운 대로 되는 것이기 때문이다. 일류 교육을 받으면 일류가 되고 이류 교육을 받으면 이류가 되는 것은 어쩌면 당연한 이치다. 그래서 부모들은 내 아이가 일류 배움이 가능한 것처럼 보이는 좋은 대학에 갈 수 있도록 피나게 노력하기를 원하는 것이다.

그러나 경기엔 반전이라는 게 있다. 역전이 빈번하게 일어난다. 그래서 경기가 재미있는 것이다. 반전이 없다면, 역전이 불가능하다면 누가 야구나 축구 경기를 보겠는가? 누가 선수를 꿈꾸겠는가? 이류 교육을 받으면 이류가 되는 것 역시 당연한 이치라고 하지만 꼭 그럴까? 대학에서 속칭 이류 교육을 받았다고 해서 이류 직장인으로 인생을 마쳐야 하는 것이라면 인생은 재미없는 게임일 뿐이다. 그런 경기에 매력을 느끼고 몰입하는 선수는 없다. 선수라면 누구나 역전을 생각하고 반전을 꿈꾼다. 이류교육을 받은 학생도 직장에서는 일류 직장인이 되어 일류 인생을 살아가는 반전이 얼마든지 가능하다. 인생은 긴 경기이고 여전히 배움의 기회가 남아 있기 때문이다.

직장인이 역전할 수 있는 유일한 시간은 직장에서의 시간이다. 현재의 직장과 현재의 일을 통해 인생 역전을 만들어낼 수 있다. 거기에서 배우는 것이다. 보통의 직장인은 배움에 인색하다. 졸업과 동시에 전공서적과도 멀어진다. 취업하여 결혼하고 아이 낳고 여름휴가 몇 번 다녀오면 10년이 휙 지나가버린다. 언제 공부하고 언제 책을 읽으며 언제 무엇을 배울 새도 없이 시간이 지나간다. 그래서 일류 교육을 받으면 그대로 일류 직장인이 되고, 이류 교육을 받으면 이류 직장인으로 남게 되는 것이다. 역전의 기회를 놓치고 마는 것이다. 중요한 10년이 가버리고 나면 역전의 기회는 영영 사라지고 만다. 억울하고 안타깝지만 그게 삶이고 그게 인생이고 그게 직장인의 모습인 것이다.

역전의 비법은 다시 한 번 배움(學)에 있다는 것을 인정하는 데 있다. 이등에서 일등으로 올라가기 위해서 직장인에게 주어진 유일한 시간인 10년에 대한 시간설계를 다시 하면 역전이 가능해진다. 이때가 기회인 것이다. 석사학위가 필요하면 야간에 석사학위를 따야 한다. 현재 자신의 업무분야에서 전문가가 되고 싶다면 지금 하는 노력의 2배 이상 노력을 하고 시간을 투자해야 한다.

論語 내 인생의 롤 모델이 될 멘토를 찾아라

사람들은 흔히 직종과 직업을 선택할 때 MBTI 성격검사나 홀랜드(Holland) 성격유형검사를 기준으로 선택하는 것이 좋다고 생각한다. 자신의 꿈과 비전에 따라 인생을 살아야 한다고 말한다. 하지만 과연 MBTI 검사 결과에 따라 직업과 직장을 잡아 행복하게 살아가는 사람이 몇이나 될까.

커리어에 '20대 80법칙'을 적용해 보면 10명의 직장인 중 2명은 자신의 성격이나 특성에 따라 직업을 잡고 커리어를 만들어간다. 하지만 나머지 8명은 아니다. 자신의 적성이나 성격과는 다른 분야에서 수많은 생각과 고민 속에서 커리어를 만들어간다. 2명은 행복하지만 8명은 행복하지 않다. 그럼 그 8명을 위한 커리어의 전략은 무엇인가?

이 역시 불여학야(不如學也), 즉 배움에서 답을 찾을 수 있다. 커리어도 배워야 한다. 그래서 경력에도 멘토가 필요한 것이다. 멘토는 모델하우스다. 이미 완성된 모습이다. 미래에 내가 살 집을 미리 보고 싶으면 모델하우스를 방문하면 된다. 이처럼 내가 원하는 미래의 모습을 이미 가지고 있는 사람이 멘토다. 나의 미래를 보고 싶다면 그 멘토를 보면 된다.

모델하우스를 보지 않고 3년 후 나의 집을 상상하기란 쉽지 않다. 멘토 없이 나의 미래를 상상하는 것 역시 위험요소가 많다. 2500년 전 공자가 현대에 살고 있다면 아마 마음속으로 이렇게 생각했을 것이다. '내 일찍이 낮에는 밥도 먹지 않고, 밤에는 잠도 자지 않고, 생각만 해보았지만 나의 커리어에 대해 답을 얻을 수 없었다. 멘토를 찾아 배우는 것만 못하다.'

學而時習之
不亦說乎
有朋自遠方來
不亦樂乎
人不知而不慍
不亦君子乎

공자가 말했다.
배우고 때에 맞게 익히면 기쁘지 아니한가?
벗이 있어 먼 곳에서 찾아오면 즐겁지 아니한가?
남이 알아주지 않더라도 노여워하지 않으면
군자가 아니겠는가?

학이시습지불역열호
유붕자원방래불역락호
인부지이불온불역군자호

논어 학이편 제1장

子曰 **"배우고 때에 맞게 익히면 기쁘지 아니한가? 벗이 있어 먼 곳에서 찾아오면 즐겁지 아니한가? 남이 알아주지 않더라도 노여워하지 않으면 군자가 아니겠는가?"**

논어는 군자를 위한 가르침이다. 논어는 리더를 위한 가르침이다. 공자는 배움을(學)을 제1성으로 내놓았다. 리더가 되기 위해서는 어떻게 해야 하는 것이 좋을까? 공자는 말한다. 리더가 되기 위해서는 먼저 학습으로 스스로가 서야 하며, 친구를 비롯한 주변사람들과 함께 잘 지낼 수 있어야 한다. 한 인간으로서 독립을 하는 것은 기쁜 일이며, 사람들과 잘 지내는 것은 즐거운 일이다. 또한 주변 사람들이 잘 알아봐 주지 못하는 것에 너무 마음을 두어서는 안 된다. 말은 쉬워 보여도 크고 작은 조직의 리더가 된다는 것은 결코 만만한 것이 아님을 논어1편 1장은 말하고 있다.

논어, 제1편1장

'논어'하면 떠오르는 논어의 첫 문장이다. 50여 년 전이 생각난다. 초등학교 어린이들을 대상으로 고전경시대회라는 것이 있어 그곳에 학급대표나 학교대표로 나가기 위해서 논어, 맹자 같은 고전 책을 강제로 읽어야만 했던 때가 있었다. 당시 논어읽기의 목적은 딱 하나, 우수한 성적을 거두어 학교의 명예를 올리는 것 이었다. 그러니 읽고 외우는 논어가 정말 고역이었다. 아무리 읽어도 이해되지 않고, 이해 될 수도 없는 그런 나무토막 같은 논어를 읽어야만 했으니까. 그런데 거기에 배우고 때때로 익힌다면 또한 기쁜 일이라니 이게 말이나 되겠는가? 배우고 익히는 것은 고통이고 힘든 일인데 기쁜 일이라니 그건 말도 안 되는 말이었다.

하지만 그것도 잠시, 한때 바람처럼 다가와 바람처럼 가버린 논어였다. 중

고등학교를 거쳐 대학을 졸업할 때까지 아니 나이 오십이 넘도록 논어는 아무 것도 아니었다. 그저 공자왈 맹자왈하는 시대에 뒤떨어진 진부한 명언에 지나지 않았다. 회사에서 제시한 토익점수를 따지 못해 직장인의 최대 수혜인 해외연수를 놓칠지도 모른다는 영어 강박 속에 한문이나 논어를 다시 본다는 것은 불가능한 일이었다. 입사시험과 승진시험에 필요한 것은 동양고전이 아니라 영어라는 사실이 오십을 넘도록 괴롭혔으니 말이다.

공부 잘하면 좋은 고등학교를 갈수 있고, 좋은 고등학교에서 더 공부를 잘하면 좋은 대학을 갈수 있고, 좋은 대학에서 더 공부를 잘하면 좋은 회사에 갈수 있고, 좋은 회사에서 더 열심히 하면 더 많은 돈을 벌어 행복하게 살 수 있다는 신념으로 청장년 시기를 보냈지만 끝이 보이질 않는 치열한 경쟁에 몸과 마음은 깊은 상처를 입고 말았다.

경쟁사회에 살면서 자신의 능력 때문이지 다른 요인은 없는 줄 알았는데 살아보니 그게 다가 아니라는 것을 알게 되었다. 아버지의 재산이 자식의 학력과 출세를 좌지우지하는 지극히 공정하지 못한 사회에 살고 있다는 것을 말이다. 고학력의 아버지를 둔 자식의 학력고사 점수와 저학력의 아버지를 둔 자식의 학력고사 점수가 두드러지게 차이가 나고, 지방이나 시골에 살고 있다는 이유 하나만으로 도시에 살고 있는 학생들과 학력 점수 차이가 난다는 것이 그것을 말해주고 있다.

그래서 그랬는지 모른다. 열심히 해라 무조건 열심히 공부해라. 농사꾼인 아버지가 할 수 있는 유일한 말은 늘 열심히 하라는 말뿐이었다. 그렇게 무조건 열심히만 하는 공부가 즐거운 학생이 과연 몇이나 될까? 열심히 해도 결국엔 경쟁에서 지는 것을 뻔히 알면서도 열심히 해야만 하는척하는 그런 상황이라면 그것에 행복하고 즐거워 할 수 있을까? 그런데 논어라는 고전을 펴는 순간 공자는 밑도 끝도 없이 학습은 기쁜 일이라고 하니 선뜻 동의하기가 어려웠다. 이해도 되지 않는다. 동의하기도 어렵고 이해도 안 되는 논어 어구를 무조건 외우라고만 했으니 기가 막히는 노릇이 아닐 수 없었다. 논어의 시작은 그랬다.

子曰 學而時習之不亦說乎 有朋自遠方來不亦樂乎 人不知而不慍不亦君子乎
자왈 학이시습지불역열호 유붕자원방래불역락호 인부지이불온불역군자호

공자가 말했다. 배우고 때에 맞게 익히면 기쁘지 아니한가? 벗이 있어 먼 곳에서 찾아오면 즐겁지 아니한가? 남이 알아주지 않더라도 노여워하지 않으면 군자가 아니겠는가?

어떤 책이든 그 첫 문장은 상징적인 의미가 크다. '처음에 하느님께서 하늘과 땅을 창조하셨다'로 시작되는 「성경」의 창세기도 그렇고, '찌는 듯이 무더운 7월 초순 어느 날 해질 무렵, S골목 전셋집에 방한 칸을 빌려 하숙하고 있는 한 청년이 거리로 나왔다'로 시작되는 도스토예프스키의 소설 「죄와벌」도 그렇다. 대개 책의 첫 문장은 그 전체 내용을 한 두 문장으로 보여주곤 한다.

논어의 시작은 세상을 살아가는 리더들에게 던지는 공자의 가르침으로 출발한다. 논어 500여 장을 통해 세상의 군자들에게 세상의 리더들에게 말하고 싶은 바를 간략히 요약한 것이다. 리더들이여 학습을 통해 먼저 자기 자신을 세워라. 사람들과 함께하는 인생의 즐거움을 느껴가면서 살라한다. 세상을 이끄는 리더가 되려면 많은 사람들에게 마음을 열라한다. 나를 먼저 채우

고 주변의 사람들과 함께 행복한 삶을 살아가는 삶의 방법과 이치가 논어 1편 1장에 들어 있다. 학문에서 오는 내면의 기쁨, 벗들과 함께하는 인생의 즐거움, 쉽지 않지만 가야 할 리더의 길이 그것임을 알려준다. 군자가 되는 3단계를 축약하여 말하고 있다. 리더가 되는 3단계를 압축하여 말하고 있다.

論語 배우고 때에 맞게 익히면 기쁘지 아니한가?
學而時習之不亦說乎

예전의 군자는 요즘의 리더로 볼 수 있다. 서양에서는 군자를 신사라고 번역 하지만 군자를 현대어로 고치면 리더다. 많은 사람을 이끌면 큰 리더요, 적은 수의 사람들을 이끌면 작은 리더다. 예나 지금이나 많은 사람들이 리더를 꿈꾼다. 리더가 되고자 하는 사람들이 제일 먼저 해야 할 일이 있다면 그것은 무엇일까? 논어의 첫 번째 어구가 바로 그것에 대한 답을 제시하고 있다.

공자의 일성(一聲)은 학습(學習)이었다. 리더를 꿈꾸는 사람들이 해야 할 첫 번째 일은 공부다. 내가 배우고 내가 익히는 것을 말한다. 배우고 익히는 학습으로 자신이 먼저 당당한 세상의 주인으로 서야 한다는 말이다. 삶의 주인인 내가 먼저 서야 다른 사람을 이끌 수 있기 때문이다. 학습은 자신을 세우는 기둥이 되며 학습은 성장의 기쁨을 가져온다. 그것이 바로 행복한 삶의 시작인 것이다. 배우고 때에 맞게 익힌다면 진실로 기쁘지 않겠는가? 논어에는 실제로 배움과 실행의 구체적인 어구들이 반복하여 등장한다.

학습에는 시습(時習)이 중요하다. 시습이란 Timely, 때에 맞추어, 필요하면 언제 어디서나 하는 평생학습을 의미한다. 배움도 중요하지만 복습, 학습, 연습, 반복이 없는 배움은 거의 일회성에 불과하다. 반복은 실행을 의미한다. 배운 것을 모두 실행하기란 어려운 일이기 때문에 필요한 우선순위에 따라 혹은 필요시기에 따라 적절히 취사선택하여 연습하고 반복하여 실생활에 적용해보는 것을 말한다.

논어의 첫 글자는 학(學)이다. 수많은 한자 중에서 하필이면 왜 학이라는 글자로 시작을 했을까? 배움을 처음부터 강조한 이유는 무엇일까? 공자의 제자들이 무엇을 생각했기에 스승의 수많은 어록 중에 이를 맨 선두에 배치해야만 했을까? 혹시 그이유가 열심히 살아보려고 노력하는 사람으로서 할 수 있는 최선의 방법이 배움에 있는 것이라는 것을 가르치려는 의도가 있었던 것은 아닐까?

공자가 살았던 춘추시대 말기는 그간 500여 년 간 유지해오던 주나라의 종법 봉건제도 사회질서가 붕괴되어가고 있는 시점이었다. 천자(天子)가 종법의 막강한 힘을 가지고 제후들을 이끌던 봉건질서가 무너지고 있던 때였다. 철기시대를 맞아 소출이 급격히 늘어나는 농업혁명은 소득 증대로 이어지고 소득의 증대는 상업발달로 이어졌다. 이에 제후들의 힘이 커지자 그동안 하늘처럼 모시던 천자를 무시하고 스스로 패자가 되려는 욕망이 커져만 가던 사회가 춘추시대였다. 당시 농업인, 상공인, 선비(士)들은 피지배 계급이었고 천자, 제후, 대부들은 지배계급이었다. 이들 피지배 계급 중 사(士)계급만이 유일하게 본인의 능력 여하에 따라 피지배 계급에서 지배계급으로의 신분 상승이 가능했다.

공자는 사(士)계급으로 출생했다. 사마천은 사기(史記)에서 공자를 천사(賤士)라고 기록했다. 사는 사인데 비천한 사(士)계급 출신이라는 것이다. 공자는 50세가 넘어서야 중도재(中都宰), 사공(司空), 사구(司寇) 대사구(大司寇)까지 올라갔다. 사회적 신분의 사다리로 학습만큼 확실한 것이 없다는 것을 공자의 제자들은 스승을 통해서 알았을 것이고 시대적인 상황과도 맞물려 배움이란 도구가 그 어떤 것 보다 중요한 의미로 다가왔기에 논어 1편1장의 내용으로 학습(學習)을 채택했을 것으로 보인다.

'아하지수'라는 것이 있다. 불현듯 기가 막히게 좋은 아이디어가 떠올랐을 때 사람들은 손가락을 튕기며 '아하!'를 연발한다. 속 시원하게 해결되는 실마리를 찾았다는 기쁨에 자신도 모르게 '아하!'를 외치는 것이다. 인생은 배움의 연속이다. 타인에게 배우든 자신에게 배우든 '아하!'를 많이 외칠수록 기쁨은 늘어난다.

칠순이 넘은 할머니가 한글을 공부한 다음 스스로 글을 읽어 내려갈 때 너무도 기뻐 이제 죽어도 여한이 없다고 했다. 죽어도 아깝지 않을 만큼 기쁘다고 했다.

"길거리를 지나가다가 간판의 글자가 눈에 들어왔을 때 이루 말할 수 없는 감격을 맛보았지요."

이처럼 무언가를 배운다는 것은 죽음과 맞바꿀 수도 있을 만큼 사람을 기쁘게 하는 것이다.

하지만 배움에도 단계가 있다. 머리로만 배워 아는 것은 하수, 배운 것을 가슴 뭉클하게 느낄 수 있다면 중수, 몸으로 배워 행함으로까지 이어지면 상수다. 머리로 아는 것은 배우기(學)만 해도 가능한 일이다. 정신 차려 배운다면 배움 그 자체는 그리 어려운 일은 아니다. 그러나 배운 것이 가슴으로 내려와 느껴지기까지는 일정량의 아하 지수가 필요하고 쉼 없는 복습이 필요하다. 반복된 익힘(習)으로 가슴을 때리는 느낌이 올 때 진정한 배움(學)으로 마무리되는 것이다.

무엇보다 최고의 학습결과는 행(行)함에 있다. 배우되 행함이 없으면 배우지 않고 행하는 것만도 못한 것이다. 배우고 익힘의 과정을 거쳐 가슴으로 느끼고 행동으로 실행하여 바람직한 결과를 만들어낸다면 어찌 기쁘지 않겠는가? 과거의 지혜를 얻어 새로움을 만들어내고, 그것을 배우고 자주 익혀 몰랐던 새로운 것을 만들어낸다면 이 어찌 기쁜 일이 아니겠는가?

인생은 새로운 것에 대한 끝없는 배움의 연속이다. 기계공학을 전공했던 엔지니어가 30년을 엔지니어로 살다 퇴직 후 인문학에 빠져 기쁨을 누리는가 하면, 논어 맹자는 고루할 것이라는 선입견으로 30년을 무시하다 논어에 빠져든 행복한 장년들도 있다. 외국어를 다시 배우고, 운동을 다시 배우고, 공부를 다시 하면서 기쁨을 누리는 장년들이 많아지고 있다. 배우고 때때로 익히면 이 또한 기쁘지 아니한가?

커리어에도 선택과 집중이 필요하다. 대부분의 사람들은 유치원부터 대학, 혹은 대학원까지 배우기만 했다. 학원에서 교실에서 강의실에서 그저 배우기만 했다. 학은 넘쳐났지만 복습, 실천, 행동은 부실했다. 외형은 번듯했지만 속은 채워지지 않았다.

배움이란 머리에 지식만 넣는 것이 아니다. 지식이 머릿속에서만 머물러 버린다면 더 이상 새로움은 없다. 그러면 번듯한 대학 졸업장을 손에 쥐고도 취업이 어렵고 설사 취업을 해도 일을 못한다. 입사 첫해에 다시 뛰쳐나오고 적응력도 떨어진다. 대리로 승진하기도 어렵고 과장으로 승진하는 것은 하늘의 별따기다. 수동적인 배움이 직장까지 따라온다. 혼자 익히고 혼자 응용하고 혼자 밤을 새워가면서 문제를 풀어내는 근성이 적었기 때문이다. 이 근성은 모두 그간의 연습(習)에서 오는 것인데 배우기만 했지 익힘이 부족하여 내 것으로 만들어내지 못했기 때문이다. 더구나 직장에서는 아무도 새로운 지식을 손에 쥐어주지 않는다. 알고 보면 터럭같이 가벼운 노하우도 누가 쉽게 일러주지 않는다. 혼자 스스로 익히지 않으면 스스로 뒤떨어질 뿐이다. 학교에서 오로지 배우기만 할 때도 힘이 들었지만 취업을 하고 나면 더 죽을 맛이 계속된다. 학(學)도 어렵고 습(習)도 버겁다. 일을 통해서 기쁨을 얻는다는 것은 언감생심 먼 나라 이야기 꿈동산 이야기가 된다.

습(習)은 반복적인 고통을 참아내면서 실천을 하는 것을 의미한다. 아무리 새로운 것을 공부해도 그것을 새기고 익혀 실천하지 않는다면 아무 소용이 없다. 아무리 쉬운 일일지라도 그것을 반복하는 데는 의지와 끈기가 필요하다. 반복은 지루하고 재미도 없기에 어느 정도 손에 익으면 거기서 멈추고 싶어진다. 따분하고 반복적인 일 말고도 하고 싶은 일이 직장의 일상에서는 너무도 많다. 또한 늘 휴식의 유혹이 따라다닌다. 일에서 벗어나 잠이라도 실컷 자고 싶은 하루하루가 지나간다. 그러니 대부분 익숙해질 만하면 멈춘다. 일도 그렇고 흥미도 그렇고 일상이 그렇다. 일에도 커리어에도 선택과 집중이 필요하다. 어제까지 평범했던 직장인이 오늘 갑자기 모든 일을 다 잘하는 슈퍼맨이 되는 것은 불가능하다. 다양한 업무 중에서 한 가지만은 누구보다 최고로 잘하겠다는 결심이 필요하다. 그렇게 선택된 일은 반복해서 할 수 있게 된다. 반복의 힘은 선택과 집중에서 온다. 반복의 결과엔 자유와 발전이 따라온다. 잘

할 수 있게 되는 것에는 재미가 있으며 재미가 있으면 즐겁게 된다. 즐겁게 하는 일은 더욱 잘하게 되어 자신의 특기가 거기서 시작된다. 퍼스널 브랜드는 그 특기에서 만들어진다.

論語 벗이 있어 먼 곳에서 찾아오면 즐겁지 아니한가?
有朋自遠方來不亦樂乎

리더를 꿈꾸는 사람이 해야 할 두 번째는 사람들과 함께하는 것이다. 뜻을 같이하는 친구들과 함께하는 것, 나를 따르는 사람들과 함께하는 것이다. 논어의 제 이성(二聲)은 혼자가 아닌 함께하는 인생의 즐거움에 대해 말하고 있다. 혼자만 즐거운 기쁨의 삶이 아닌 친구, 벗, 후배, 선배, 동료들과 함께 할 때 인생의 진짜 즐거움이 시작된다는 말이다. 도시에 살든 외딴섬에 살든 뜻을 같이하는 친구들과 함께하는 삶이라면 즐거운 삶이라 할 수 있을 것이다.

벗이 있어 먼 곳으로부터 스스로 찾아온다면 진실로 즐거운 일이 아니겠는가? 리더가 당대에 칭송 받기란 쉬운 일이 아니다. 어떤 리더는 10년 후, 100년 후 혹은 500년 후 혹은 2000년이 지난 다음에라야 그 리더의 본가를 인정받는 경우도 있다. 리더 생전이 아니라 사후 그 언제라도 자신의 행적과 삶을 인정해주는 후배들이 나와 준다면 이는 정말 즐거운 일이 아니겠는가? 멀리 살고 있는 친구들을 만나는 일도 수 백 년 후에도 자신을 잊지 않고 기려주는 사람들을 만나는 일도 그 즐거움은 다르지 않을 것이다. 수 백 년을 리드하는 리더로의 삶이 어찌 즐겁지 않겠는가?

論語 남이 알아주지 않더라도 노여워하지 않으면 군자가 아니겠는가? 不知而不慍不亦君子乎

리더를 꿈꾸는 사람이 해야 할 세 번째는 사람들 속으로 들어가야 한다. 나를 넘어 친구를 넘어 세상 사람들 속으로 한발 더 들어가야 한다. 사람들과 함께 살아가려면 사람들을 이해하고 마음을 열어야 한다. 남이 자신을 알아주지 않더라도 노여워하지 않는다면 군자가 아니겠는가? 남이 알아주지 않더라도 노여워하지 않는다면 리더가 아니겠는가? 남 탓하지 않는 건강한 심리의 소유자가 되어야 진정한 리더가 된다는 말이다.

그런 군자, 리더야 말로 가정과 사회와 국가와 인류를 위한 큰 리더가 되는 것이다. 불온(不慍)은 설사 일생동안 자신을 이해주는 사람이 없어도 원망하지 않는다는 말이다.

1단계 학습, 2단계 사람들과의 공감과 교류, 3단계 사람들의 이해와 사랑의 단계를 거쳐야 군자의 길, 리더의 길로 들어서게 되는 것이다. 리더가 되는 것이다.

有敎無類

공자가 말했다.

가르침에는 차별이 없다. / 가르침이 있으면 종류가 없다.

유 교 무 류 │ **논어 위령공편 제38장**

子曰 **"가르침에는 차별이 없다."**

제자가 가르침을 구할 때는 최소한의 예의만 갖추면 받아들였던 공자는 〈술이(述而)편〉에서도 이렇게 말했다. '속수(束脩) 이상의 예만 행하면 가르치지 않은 적이 없다.' 북어 10마리만 가져와도 예를 갖추면 가르쳤다는 것이다. 노나라든 위나라든 진나라든 송나라든 제자가 어느 나라 사람인가도 중요하지 않았고 나이나 출신 성분, 사회적 지위도 상관하지 않고 받아들였다. 사람이 타고난 본래의 성품은 모두 선하기 때문에 사람을 가르치면 모두 선을 행할 수 있다는 것이 공자의 가르침이었다.

子曰 **"가르침이 있으면 구분이 없어진다."**

공자는 나이 마흔이 되었을 때 사람들로부터 미움을 받지 않는 최고의 방법은 배움이라는 결론을 내렸다. 배우면(有敎) 종류가 없어진다(無類), 즉 교육을 제대로 받으면 모두 훌륭하게 되어 구분이 없어진다는 말이다. 누구든 교육을 받으면 훌륭한 사람이 될 수 있다. 부자건 가난뱅이건, 동쪽에 살건 서쪽에 살건, 남자건 여자건 간에 훌륭한 교육을 받을 수 있는 기회를 가지면 모두 훌륭한 사람이 된다는 뜻이다. 주자(朱子)는 유교무류(有敎無類)를 '가르치기만 하면 모두 착해져 종류가 없이 다 같아진다'고 해석하였다. 가르침만 있다면 모든 사람이 선한 곳으로 돌아올 수 있어 차별이 없어진다는 뜻이다.

論語 다른 사람이 걸을 때 서 있으면
그것은 정체가 아니라 후퇴다

서울에서 부산 가는 방법은 여러 가지가 있다. 기차나 버스로 가든 비행기를 타든 형편과 필요에 따라 선택을 하면 된다. 기차를 선택한 사람들은 기차 안에서, 비행기를 선택한 사람들은 비행기 안에서 모두 구분이 없어진다. 티

켓을 내고 기차나 비행기에 오르면 모두 부산을 가게 된다. 그 안에서는 모두 무류(無類)의 승객이 된다. 하지만 그렇게 편하고 빠르게 부산을 가기 위해서는 티켓값을 치러야 하고 유료(有料) 손님이 되어야 한다.

동창이나 동문이 되면 구분이 없어진다. 한식구처럼 많은 것이 용서되고 이해가 되며 격이 없는 무류(無類)가 된다. 그러나 그들과 동창이 되기 위해서는 피나는 노력으로 그 학교에 입학을 하여 교육을 같이 받아야 한다(有敎). 그래서 고등학생들이 머리를 싸매고 모두 일류대학에 가기 위해 몸부림을 치는 것이다. 일류대학에 가면 일류동창을 만들고, 삼류대학에 가면 삼류동창을 만든다는 것을 잘 알기 때문이다. 대학 졸업생들이 눈에 불을 켜고 좋은 기업에 들어가려고 하는 것은 일류기업에 들어가면 모두 일류연봉을 받고 삼류기업에 들어가면 삼류연봉을 받는다는 것을 알기 때문이다.

많은 젊은이들이 노량진 고시학원으로 몰려간다. 공무원이 되기 위해 2년, 3년, 5년을 고시촌 쪽방에서 청춘을 보낸다. 무류(無類)가 되기 위해서다. 삼십이립(三十而立). 서른이 되기 전에 국가고시에 합격하여 사무관으로 우뚝 서게 된다면 그야말로 평생이 보장되는 세상에 들어가 그 곳 사람들과 하나가 될 수 있기 때문이다. 서른이 되기 전에 말단 공무원에 합격해도 평생 고용의 불안에서 벗어나 안정적으로 일을 하는 공무원의 부류에 속할 수 있기 때문이다.

어떤 조직이든 팀원과 팀장은 격이 다르다. 일도 다르고 처우도 다르고 사회적인 인정도 다르다. 과장과 부장 역시 같은 부류가 아니다. 부장과 상무는 격이 더욱 다르고 상무와 부사장은 차원이 다르다.

팀원과 팀장을 가르는 것도, 과장과 부장을 가르는 것도, 부장과 상무를, 상무와 부사장을 가르는 것도 모두 실력과 경험이 다르기 때문이다. 입사 후 동일한 기간을 근무했다고 해서 모두 같은 레벨이 되지는 않는다. 그 기간에 무엇을 배우고 어떻게 실력을 키웠는가, 배움과 실력으로 어떤 실적을 만들어냈는가가 중요한 것이다. 그리고 그 기본에는 배움(學)이나 가르침(教)이 바탕이 되어 있다. 이것이 바로 사람을 다음 차원으로 이동시켜주는 수레인 것이다. 과장이 되어 같은 부류가 되고, 팀장이 되어 같은 부류가 되는, 그래서 그 안에서는 구분과 차별이 없는 무류(無類)가 되는 것이다.

그러니 가르침을 받는 것을 중단하면 더 이상 새로운 그룹에 들어가지 못한다. 학습하는 것을 중단하면 현재에 머물러 있어야 한다. 필요한 것을 익히지 않는다면 기존의 방법을 그대로 따라야 한다. 가르침을 받지 않는 것은 안정이 아니라 후퇴가 된다. 다른 사람들은 걷는데 서 있는 사람이 있다면 그건 정체가 아니라 결국 후퇴를 의미하는 것이다.

論語 배움이 없으면 경험은 늘어도 전문가는 되지 못한다

더도 덜도 말고 현재 상태로만 계속 유지되기를 바라는 행복한 직장인도 유교(有教)가 필요하다. 현재 큰 문제는 없지만 미래가 불안하다면 유교(有教)가 더욱 필요하다. 현재가 마음에 들지 않는다면 유교(有教)는 당장 필요하다. 일상의 출근이 죽기보다 싫다면 이미 유교(有教)는 늦은 것이다.

공자는 '묘이불수자 유의부(苗而不秀者 有矣夫), 수이부실자 유의부(秀而不實者 有矣夫)'라고 했다. 싹은 틔우나 꽃을 피우지 못하는 사람이 있고, 꽃은 피우나 열매를 맺지 못하는 사람이 있다는 것이다. 싹은 틔웠으나 꽃을 피우지 못한 사람은 싹을 틔운 후 배우기를 멈추었기 때문이다. 싹 트임의 설레임에 취해 다음 단계로의 이동을 위한 유교(有敎)를 간과했기 때문이다. 일류 대학에 들어갔으나 제대로 졸업을 못했다거나 대기업에 취업을 했으나 얼마 지나지 않아 퇴직을 했다거나 사업을 시작했으나 중도에 포기한 그런 경우인 것이다.

꽃은 피우나 열매를 맺지 못하는 사람은 꽃을 피운 후 멈춘 경우다. 이 역시 배우기를 멈추었기 때문이다. 화사한 꽃에 취해 다음 단계로의 이동을 위한 유교(有敎)를 간과했기 때문이다. 과장, 부장이 되었는데 임원이 못 되는 경우가 그렇다. 좋은 회사를 10년, 20년을 다녔는데도 퇴직 후 할 일이 없어 인생이 어려워진 경우다. 사업을 10년이나 했는데도 현상유지에 급급한 경우가 그렇다. 남 보기에 부러워 보이는 인생인 것 같지만 스스로 만족을 못하는 그런 삶일 수도 있다.

불만족의 원인은 대개 무교(無敎)에서 시작된다. 학창시절 유교(有敎)를 했을 뿐, 졸업 후 더 이상의 교육이나 가르침을 멀리했기 때문일 가능성이 높다. 자신의 업무를 영어나 일어처럼 열심히 공부하는 직장인은 사실 드물다. 일을 처리하면서 경험으로 익히는 것도 중요하지만 여기에 체계적인 가르침을 받는 경우는 많지 않다. 그래서 시간이 많이 걸린다. 아니 시간이 지나 경험은 늘어도 전문가가 되지 않는 원인 또한 그것이다. 승진하여 과장 그룹에 들어가는 것도 중요하지만, 공부하고 연구하여 자신의 업무에 확실한 전문가가 되는 것이 먼 미래를 위해서 훨씬 중요하다는 것을 대부분 간과한다.

論語 재테크보다는 자신의 몸값을 높이는 데 집중하라

다음은 투자자 교육과 은퇴 분야 권위자로 꼽히는 강창희 전 미래에셋자산

운용 부회장의 말이다.

'최고의 자산관리와 은퇴준비는 최대한 오랫동안 일하는 것이다. 체면 가리지 말고 나이 들어서도 최대한 오랫동안 일해야 한다. 은퇴는 더 이상 거동을할 수 없을 때 하는 것이다. 이를 위해 20, 30대는 재테크에 신경 쓰기보다는자신에 대한 투자로 몸값을 높이는 데 집중해야 한다. 아무리 투자를 잘한다고 해도 근로소득만큼 확실하고 안정적인 소득은 없다. 한 달에 50만 원을 벌수 있다면 이는 2억 원의 정기예금을 가진 효과와 같다.'

자신의 몸값을 높이는 일, 그것이 바로 유교(有敎)인 것이다. 배우지 않고 가르침을 받지 않고 스스로 똑똑해지는 경우는 없다. 멋진 그룹에 들고 싶다면가르침을 받아야 한다. 오랫동안 직장에서 살아남고 싶다면 배움에 인색해서는 어렵다. 과장 그룹에 들어가고 싶다면 승진할 수 있는 실력을 만들어야 한다. 시간이 지난다고 자동으로 과장으로 승진을 시켜주는 그런 기업은 없다.한 차원 다른 그룹에 들어가기 위해서는 거기에 걸맞는 가르침을 받아야 한다. 자신의 몸값을 올리는 투자인 공부에서 손을 놓는 순간 미래는 헝클어지기 시작한다.

溫故而知新
可以爲師矣

공자가 말했다.
옛 것을 익혀 새로운 것을 안다면
다른 사람의 스승이 될 만하다.

온 고 이 지 신 | **논어** 위정편 제11장
가 이 위 사 의

子曰 "옛것을 익혀 새로운 것을 안다면, 다른 사람의 스승이 될 만하다."

옛 것을 학습해 새로운 것을 알아낸다면 능히 남을 가르칠 자격이 있고 스승이 될 만하다는 온고지신(溫故知新)은 옛 학문을 되풀이해 연구하고 현실에 적용할 수 있는 새로운 학문을 이해해야 다른 사람의 스승이 될 자격이 있다는 말로 옛날의 전통을 계승함과 동시에 그 시대에 새롭게 적용하는 능력을 가져야 한다는 의미이다.

공자는 온고지신을 통해 인류 최고의 스승이 되었다. 시경(詩經)과 서경(書經)을 비롯하여 노나라 역사서인 춘추(春秋)를 저술했다. 동양 문화권에서 이천 년 이상의 학습과 문화적인 바탕이 되었던 사서삼경이 만들어진 시기가 공자시대이며 공자의 손길이나 생각이 미치지 않은 경서가 없다. 대학(大學)은 공자의 제자인 증자(曾子)가, 중용(中庸)은 공자의 손자인 자사(子思)가, 맹자(孟子)는 맹자가 쓴 것으로 역경(易經)을 제외한 사서삼경(四書三經) 모두가 공자로부터 시작된 것이나 다름없다. 물론 논어(論語)는 공자 사후에 제자들이 쓴 책이다. 2500년 전에 공자는 그 이전 약 1500년의 역사와 문화를 스스로 익혀 후세 인류에게 큰 새로움을 주었다. 그렇게 공자는 온고지신하여 인류 최고의 스승이 되었다.

명퇴당한 선배들의 전철을 그대로 밟을 것인가

모기업에서 10년 전과 5년 전에 이어 지난달 또다시 명예퇴직이 진행되었다. 10년 전엔 200여 명의 경력자들이 정든 회사를 떠났고, 5년 전에는 150여 명의 경력자들이 힘없이 회사를 떠났다. 그리고 지난달 또다시 100여 명의 경력자들이 자의반 타의반 명예퇴직금을 받고 회사를 나갔다. 회사는 세계 경기가 흔들릴 때마다 어김없이 휘청거리는 기업환경을 이기지 못하고 구조조정을 반복적으로 했다. 10년 전 창사 이래 처음으로 감행된 명예퇴직의 태풍 속에서 간신히 몸을 보전했던 적지 않은 수의 경력자들이 다짐을 했다.

'나는 저렇게 밀려나지 말자. 아니 나갈 때 나가더라도 무언가 탄탄한 준비를 해놓고 당당하게 나가자.'

그렇게 굳게 다짐했던 이들이 5년 전 아무 준비 없이 회사에서 밀려났다. 10년 전 회사를 떠나는 선배들을 보면서 명예퇴직금으로는 절대 프랜차이즈 사업은 하지 말아야지 다짐을 했지만, 그들이 퇴직하고 가장 많이 손을 댔던 일은 이름만 바뀐 또 다른 프랜차이즈 비즈니스였다. 5년 전 선배들을 떠나보내면서 마음속으로 굳게 결심을 했던 지난달 명예퇴직자들도 가장 쉽게 할 수 있는 프랜차이즈 사업 이외에는 별다른 길이 없어 보였다.

아무리 역사가 반복된다고 해도, 명예퇴직이 다람쥐 쳇바퀴 돌 듯 반복된다고 해도 지나간 과거로부터의 배움이 없다면 그건 반복이 아니라 처음인 것이다. 타인들에게는 반복이 될지 몰라도 나 자신에게는 첫 경험일 뿐이다. 눈물을 감추며 떠나간 선배들을 보면서도 이후 5년 동안 아무것도 준비하지 못했다면 그것은 온고지신(溫故知新)이 아니다. 옛것을 익힌다는 온고(溫故)도 아니고 새로운 지식이나 지혜를 얻는다는 지신(知新)도 아니다.

온고(溫故)에서 온(溫)이란 고기를 약한 불로 삶아서 국을 만든다는 뜻이고, 고(故)란 과거의 사상(事象)이니 곧 역사를 뜻한다. 공자는 요순시대를 본받아야 할 모델로 생각했다. 특히 주나라를 창건한 문왕과 그의 아들 무왕을 가장 덕이 있는 군주로 보았다. 과거의 훌륭했던 역사를 곰국을 삶아내듯 연구하고 공부하여 지신(知新), 즉 새로운 것을 알아내고 밝혀내고자 했다. 온고(溫故)는 단순히 주어진 것만 소극적으로 익히는 것이 아니라 적극적으로 찾아서 추론하는 것을 말한다. 논어의 첫 문장인 학이시습(學以時習), 즉 배우고 때때로 익히는 것도 이 온고(溫故)의 방법일 수 있다. 지나간 역사를 익히는 것이 온고(溫故)이듯 5년 전과 10년 전 준비 없이 회사를 떠난 명예퇴직자 선배들을 연구하고 공부하는 것도 온고(溫故)가 되는 것이다.

조선 정조 1년. 신하가 임금에게 경서를 강독하는 경연(經筵)을 기록한 글을 보면 다음과 같은 대목이 나온다. 정조가 "온고지신(溫故知新)이란 무슨 말인가?"라고 묻자 이유경이 대답했다. "옛 글을 익혀 새 글을 아는 것을 말합니다." 그러자 정조는 "그렇지 않다. 초학자(初學者)는 그렇게 보는 경우가 많은데, 대개 옛글을 익히면 그 가운데서 새로운 의미를 알게 되어 자기가 몰랐던 것을 더욱 잘 알게 된다는 것을 말한다."고 했다. 옛것과 새로운 것의 균형 유지는 초학자들이나 하는 말이고, 옛것을 익히다 보면 그 옛것 속에서 새로운 깨달음을 얻을 수 있다고 정조는 해석했다. 이렇듯 온고이지신은 옛것과 새것이 불가분의 관계에 있음을 시사해주고 있다. 옛것에 대한 올바른 지식이 없이는 오늘의 새로운 사태를 정확히 파악할 수 없고, 새로운 사태를 정확하게 인식하지 못한다면 장차 올 사태에 대한 올바른 판단이 설 수 없다는 의미이다.

5년, 10년 전 명예퇴직으로 회사를 떠난 선배들 중 업무성적이나 인격적으로 문제가 있어 퇴직을 당한 사람은 거의 없다. 당시에는 나이가 많다는 것이 하나의 이유가 될 수도 있었겠지만 요즘은 근무경력이 얼마 되지 않는 직급의 인력들도 명예퇴직으로 회사를 나오는 경우가 많다. 그러면 어떻게 온고(溫故)를 해야 하는가? 무엇을 온고(溫故)해야 하는가? 그 답이 궁금하다면 앞에서 다룬 제26강의 '소나무는 겨울에도 지지않는다.'편을 참조하기 바란다.

論語 From Re_tire to Good_tire

일상에서 벗어나 장거리 여행을 꿈꾸는 사람들은 출발하기 전에 먼저 타이어를 점검한다. 가능하면 새 타이어로 갈아끼우게 된다. 똑같은 패턴의 단조

로움에서 벗어나 대자연의 아름다움 속으로 들어가는 여행길에 타이어가 문제가 되면 곤란하기 때문이다.

퇴직을 영어로는 'Retirement'라고 한다. 리타이어는 오래되어 낡은 타이어를 새 타이어로 바꾸어 끼운다는 뜻이다. 새 타이어가 필요한 이유는 어딘가 힘차게 달려야 할 곳이 아직 남아 있다는 의미라면 퇴직은 분명 끝이 아니라 새 출발이다. 지금껏 세상이 만들어놓은 방식의 우물 안에서 집과 회사만을 왕복하는 단조롭고 고된 운전을 해왔다면 퇴직은 그 우물 밖으로 나오기 위한 문을 여는 리오픈(Reopen)인 동시에 정말 가보고 싶어 마음 설레는 곳을 찾아 떠나려는 장거리 여행의 출발점인 것이다. 자신만의 딱딱하고 까칠한 호두 밤송이 왕국에서 부드럽고 향기로운 꽃밭의 자연으로 나올 수 있는 터닝 포인트이며 개구리가 우물에서 큰 세상으로 나오는 점핑 포인트인 것이다. 논어의 첫 문장인 '학이시습(學以時習)'과 '온고이지신(溫故而知新)'을 붙여 그 의미를 연결해 보면 모범 답안이 나온다. 시간이 날 때마다 배우고 익혀 꾸준히 새로운 것을 만들어나간다면 Retire(퇴직)는 Goodtire(꿈꾸는 멋진 인생)로 바뀌게 될 것이다.

性相近也
習相遠也

공자가 말했다.
사람의 본성은 서로 가까우나
익히는 것에 의해 서로 멀어지게 된다.

성 상 근 야 | **논어** 양화편 제2장
습 상 원 야

子曰 **"본성은 서로 비슷하나 익히는 것에 의해 서로 멀어지게 된다."**

기질(氣質)이나 본성(本性)의 시작은 서로 크게 다르지 않으나 선을 익히면 선해지고 악을 익히면 악해지는 것이기 때문에 무엇을 익히는가에 따라 서로 달라지게 된다는 것이다. 조선후기 사상가인 다산 정약용은 다음과 같이 풀이했다. '덕을 좋아하고 악을 부끄러워하는 사람의 본성(性)은 성인이나 범인이나 모두 같으니 서로 가까우며, 어진 이와 친하고 소인을 업신여기는 습성(習性)은 사람마다 다름이 있으니 마침내 서로 멀어진다.' 그러니 아무리 피를 나눈 형제라 하더라도 어디를 바라보고 무엇을 익히는가에 따라 서로 멀어질 수가 있다는 것이다.

論語 습관이 경쟁력이다

시작은 같으나 끝이 다르다. 시작은 한 줄기였으나 끝은 만 갈래다. 시작은 가까웠으나 끝은 멀어질 수 있다. 부모에게서 한 핏줄을 받고 태어난 형제도 초등, 중등, 고등 교육을 받으면서 점점 다른 길로 멀어지게 된다. 원래 근본은 같았으나 그 중에는 선하고 바른 자식이 있는 반면 제멋대로인 자식도 있다.

대학에서 같은 학문을 전공했다 하더라도 인생을 살면서 점점 다른 길로 멀어지게 된다. 전자공학을 전공했다고 모두 엔지니어가 되는 것은 아니다. 그 중에는 선생님의 길로 들어서는 사람도 있고, 정치가의 길로 방향을 돌리는 사람도 있다. 백수가 되어 있는 사람도 있고, 사업가의 길에서 성공을 꿈꾸는 사람도 있다.

기업에 같이 입사한 신입사원 연수원 동기들도 대리가 되고 과장이 되고 부장, 임원이 되면서 점점 다른 길로 멀어지게 된다. 대리가 된 후 퇴직하여 다른 일을 시작할 수도 있고 부장이 되어 명예퇴직을 당할 수도 있다.

논어에서는 그 원인을 습(習)에 있다고 보았다. 시작은 같았으나 끝이 달라지는 이유는 중간에 어떤 것을 익혔는가, 어떤 습관을 들였는가에 따라 갈린다는 뜻이다. 인성이나 품성은 크게 다르지 않아도 중간에 무엇을 익히는가에 따라 크게 달라진다. 동일한 잣대로 사람을 선발하여 동일하게 출발을 시켜도 그 과정의 학습과 습관에 따라 결과는 천차만별 차이가 난다. 대학입시도 그렇고 입사시험도 그렇다. 치열한 경쟁을 거쳐 대학에 들어가고 회사에 들어가도 그 끝은 모두 다르다.

무엇을 학습하는가, 무엇을 익히는가에 따라 경쟁력이 달라진다. 습관이 경쟁력이라는 말이 있다. 아침에 늦잠을 잔다거나, 책상에 앉으면 조는 습관으로는 자신의 경쟁력을 키울 수 없다. 한 달에 한 권의 책도 읽지 않는 습관을 가지고 있으면서 경쟁력 운운하는 것은 착각이다. 하루에 만 보는커녕 천 보도 걷지 않는 습관으로 건강을 바란다면 이 또한 착각이다. 말을 앞세우는 습관으로는 실행력을 키우기가 어렵다. 먼저 몸을 움직여 습관을 만들어야 그 습관이 인생을 만들게 된다. 그러니 잘못된 습관은 잘못된 인생을 만들고, 좋은 습관은 멋진 인생을 만드는 바탕이 되는 것이다.

핵심은 '습(習)'에 있다. 습(習)자에는 새의 날개를 상징하는 '우(羽)'자가 들어 있다. 이는 습(習)자에 '자주 날갯짓을 한다'는 뜻이 내포되어 있음을 의미한다. 새는 끊임없이 날갯짓을 한다. 날개를 퍼덕거리지 않으면 바로 추락하기 때문이다. 평화롭게 물 위를 떠가는 오리에게는 물 밑에서 쉬지 않고 움직이는 두 발의 고단함이 있다. 물 밑의 분주함이 없다면 오리는 물 위의 평화를 유지하지 못한다. 습(習)은 그러한 반복을 의미한다. 무엇을 익힌다는 것은 여러 번 반복하는 것을 기본으로 해야 한다. 쉽게 익힌 것은 쉽게 사라진다. 반복적으로 익힌 것은 쉽게 사라지지 않는다.

토요일의 기적

직장인에게 토요일은 그 무엇과도 바꿀 수 없는 간절한 날이다. 주중에 못했던 각종 행사가 모여 있는 날도 토요일이다. 초상집만 빼고는 거의 모든 행사가 토요일로 몰려들기 때문에 주중 그 어느 날보다도 바쁜 날이 토요일이다.

은행원인 P씨는 우연한 기회에 모 대학교 학점은행제 주말 학사과정에 입학했다. P씨에게는 늦은 나이에 공부를 하는 것보다 토요일날 하루 종일 진행되는 수업시간에 참석을 하는 것이 훨씬 어려웠다. 그 많던 토요일 스케줄을 모두 접고 오직 하나 학교 강의실로 향해야 했기 때문이다. 무엇보다도 출석을 중요하게 생각하는 학사 일정 때문에 다른 스케줄은 생각할 여유가 없었다. 게다가 주변의 시선은 그를 더 힘들게 했다. P씨 자신은 스스로의 목표와 책임감으로 '토요일은 오직 학교'라는 사실을 받아들였지만 주변 사람들은 그것을 인정하지 않았다. 토요일 행사에 빠지면 그들은 서운해했고 아쉬워했다. 하지만 두 번째 학기가 지나고 세 번째 학기를 넘으면서 주변 사람들이 서서히 인정을 해주기 시작했다. 사람들은 P씨를 '토요일에는 학교에 가는 사람'으로 생각했다.

그렇게 3, 4년이 지나서 P씨는 학사 학위를 받았고 내친 김에 석사과정에 입학했다. 야간으로 다시 2년의 고된 시간을 보낸 후 그는 결국 석사학위를 받았다. P씨에게 지난 5년은 그 어느 5년보다도 소중했다. 강제로 시작된 토요일 하루의 활용이 어느새 자신을 이끌고 있었다. 학사 학위만 마칠 수도 있었으나 시간의 습관, 공부하는 습관은 어느덧 그를 석사로 만들었다.

마음으로만 다짐하는 것은 오랫동안 유지하기가 어렵다. 열심히 해야지 하는 마음만으로는 오래가지 못한다. 몸을 움직여 습관으로 만들어야 그 습관이 몸에 밴다.

論語 유익한 습관은 시간이 지날수록 더 큰 가치로 돌아온다

한 취업포털에서 직장인을 대상으로 '가장 공감 가는 미루기 경험'에 대해 온라인 설문조사를 했다. 조사 결과 '운동 미루기'가 가장 많았고 다음은 '아침에 5분 더 자려다 늦게 일어나기'가 꼽혔다.

나는 항상 당신과 함께 합니다. 나는 당신을 가장 잘 도와주기도 하고 가장 무거운 짐이 되기도 합니다. 나는 당신을 성공으로 밀어주기도 하고 실패로 끄집어내리기도 합니다. 나는 전적으로 당신의 명령을 따릅니다. 내가 하는 일의 절반쯤을 당신이 나에게 떠넘긴다면 나는 그 일들을 더 빠르고 정확하게 처리할 수도 있습니다. 나는 쉽게 관리할 수도 있습니다. 그저 나에게 엄격하게 대하기만 하면 되지요. 당신이 어떻게 하고 싶은지만 알려주세요. 몇 번 연습하고 나면 그 일을 자동적으로 할 수 있을 겁니다. 나는 모든 위대한 사람들의 하인이고 또한 모든 실패한 사람들의 하인입니다. 위대한 사람들은 사실 내가 위대하게 만들어준 것이지요. 실패한 사람들도 다 내가 실패하게 만들어버렸고요. 나는 기계가 아닙니다. 기계처럼 정확하고 인간의 지성으로 일을 하긴 하지만, 당신은 나를 이용해 이익을 얻을 수도 있고 망해버릴 수도 있습니다. 당신이 어떻게 하든 나한테는 별로 상관이 없는 일이죠. 나를 택해주세요. 나를 길들여주세요. 엄격하게 대해주세요. 그러면 세계를 제패하게 해주겠습니다. 나를 너무 쉽게 대하면, 당신을 파괴할지도 모릅니다. 나는 누구일까요?

답은 '습관'이다.

찰스 두히그는 그의 책《습관의 힘》에서 '우리 뇌는 끊임없이 에너지를 절약할 방법을 찾아 반복되는 일들을 습관의 끈으로 묶어놓는다. 2006년 미 듀크대 연구논문에 따르면 사람들이 매일 하는 행동의 40%는 의사결정의 결과가 아니라 습관에서 비롯된 것이다.'라고 했다.

자동차를 운전하고, 휴대폰을 들여다보고, 이메일을 체크하며 커피를 마시는 등의 일상적 행위들이 사실 의식적으로 선택하는 행동이 아니라 습관의 산물이라는 얘기다. 매일 먹는 음식, 운동패턴, 소비특성 등 습관화된 행동 양태는 삶의 구석구석에까지 엄청난 영향을 미친다.

나는 누구인가? 라는 질문의 답은 '나는 나의 습관이다'일 가능성이 높다. 내가 먹은 음식이 내 몸을 만들고 내가 하는 생각이 내 정신을 만든다. 청국장을 먹는 것과 인스턴트 음식을 먹는 몸은 분명 다르다. 물론 한두 번의 식사로 몸이 달라지지는 않는다. 하지만 한 달 두 달 먹는 것이 습관화가 되면 몸은 분명 달라진다. 누군가에게 불평과 불만이 가득한 이야기를 늘 하고 다닌다면 생각은 그것으로 가득 차게 된다. 그 생각이 습관화가 되면 정신도 분명 달라진다.

부모가 자식에게 가르쳐야 하는 것 중 으뜸은 좋은 습관의 본보기가 되는 것이다. 부모의 습관이 아이의 습관이기 때문이다. 제 물건을 정리하는 습관, 집에서 책을 읽는 습관, 밥 먹는 습관, 퇴근 후 옷을 걸어놓는 습관까지도 고스란히 자식들에게 전해질 가능성이 높다. 그러므로 부모는 하루과의 계획을 세우는 습관, 새해에 연간 계획을 세우는 습관, 인생의 마디마디에 미래에 대한 비전과 목표를 세우는 습관을 아이들에게 보여주고 물려주어야 한다.

습관이 인생을 좌우한다고 투자의 대가 워런버핏이 말했다. 유익한 습관이란 복리 이자와 같아서 시간이 지날수록 그 가치가 크게 돌아온다. 좋지 않은 습관 역시 복리 이자와 같아서 시간이 지날수록 그 폐해가 크게 돌아온다. 그러니 인생은 습관의 함수라는 말이 조금도 어긋남이 없다.

관성의 법칙이란 외부에서 힘이 가해지지 않는 한 모든 물체는 자기의 상태를 그대로 유지하려고 하는 것을 말한다. 달리던 버스가 급정거하면 앞으로 넘어진다거나 운전 중 급히 브레이크를 밟았는데도 차가 바로 멈추지 않고 앞으로 밀리는 현상, 트럭이 급커브를 돌면 가득 실은 짐들이 도로로 쏟아지는 경우 등이 관성의 법칙의 예이다. 습관도 관성의 법칙을 따른다. 그래서 좋은 습관이건 나쁜 습관이건 간에 몸에 습관화가 되면 떨쳐버리기가 어려운 것이다.

學如不及
猶恐失之

공자가 말했다.
배움이란 도달할 수 없는 것 같이 하고
배운 것은 잃어버릴까 두려운 마음으로 해야 한다.

학 여 불 급 **논어** 태백편 제17장
유 공 실 지

子曰 **"배움이란 도달할 수 없는 것 같이 하고, 배운 것은 잃어버릴까 두려운 듯이 해야 한다."**

새로움과 기쁨을 주는 배움(學)에도 방법이 있다. 배움의 자세는 마치 내가 못 미치면 어떡하나 하는 다급한 마음으로 해야 한다. 그것을 얻지 못하면 어떡하나 하는 두려운 마음과 간절한 마음으로 해야 한다. 목표달성을 못한 듯이 아쉬운 마음으로 해야 하고 목표를 기필코 달성하겠다는 간절한 마음으로 해야 한다.

직장에서도 마찬가지다. 업무를 배움에 있어 마치 내가 잘하지 못하면 어떻게 하나 하는 다급하고 안달하는 마음으로 해야 하고, 하나라도 놓치면 안 된다는 두려운 마음, 간절한 마음으로 해야 한다. 개인의 커리어를 만들어갈 때도 마찬가지다. 꼭 달성하겠다는 다급한 마음으로 해야 하며 목표한 바를 달성하지 못하면 어떻게 하나 하는 간절한 마음으로 해야 한다.

論語 다급함이 없는 직장인, 무엇이 문제인가

중고등학생은 대학입시라는 목표가 있어 쉼 없이 공부를 하고 대학생은 취업이라는 절대 절명의 목표 속에 4년을 보내게 된다. 그렇게 우리의 청춘들은 늘 미치지 못한 듯이 공부를 해야만 하는 시스템을 통과해야 세상 밖으로 나오게 된다. 공부를 잘해야 좋은 대학에 가고, 좋은 대학을 나와야 좋은 기업에 취업을 하는 자동화된 교육공장을 통과해야 한다.

그러나 그렇게 강제화된 학여불급(學如不及)의 결과는 대학 졸업과 함께 끝을 맞이한다. 취업을 하면 더 이상 갈 곳이 없기 때문에 무엇인가에 치열하게 매달릴 필요를 느끼지 못하게 된다. 초등학교부터 대학까지 획일화된 학습 시스템에 쫓기듯이 달려온 청춘들이 직장인이 되었을 때 학교 시스템처럼 규격화되고 강제화된 시스템이 없는 상황에서 스스로 목표를 세우고 불급(不及)의 정신으로 인생에 매진하는 직장인이 되기를 기대한다는 것은 어찌 보면 너무도 순진한 발상인지도 모른다. 그들은 직장인이 되면 목표가 없어지고 꿈이 사라지게 된다. 누구도 그들에게 꿈을 이야기하지 않는다. 누구도 그들에게 인생의 목표를 잡으라고 말하지 않기 때문이다.

그러니 업무상으로 영어가 꼭 필요해도 무시한다. 중국어는 한 마디도 못해도 그냥 피하기만 한다. 보고서의 숫자가 틀려도 계산력이 모자라도 다 무시한다. 낮은 평점의 고과를 받아도 무덤덤하다. 기분은 나빠지지만 시간이 지나면 까맣게 잊어버린다. 누구 하나 자신의 편으로 만들지 못하는 부족한 설득력도 무시한다. 그렇다고 일 처리 속도가 빠른 것도 아니다. 몇 번이고 상사의 독촉이 있어야 보고서가 나온다. 엑셀 파일을 잘 쓰는 것도 아니고 파워포인트를 멋지게 만들 수 있는 것도 아니다. 그저 남들 하는 만큼 할 뿐이다. 그렇다고 상사나 간부들 앞에서 발표를 잘하는 것도 아니다. 도대체 그 무엇도 똑 부러지게 맺고 가는 것이 없다. 그런데도 열심히 일한다고 한다. 일했다고 한다. 누구보다 회사를 위해 조직을 위해 희생했다고 자부한다. 그 대단한 자부심은 도대체 어디서 나온 것일까?

일 처리를 대충 하는 버릇은 퇴직을 한다고 해서 바뀌지 않는다. 조직으로 움직이는 회사에서는 일을 좀 대충한다고 해서 바로 어떻게 되는 것은 아니기 때문에 어느 정도 유지가 가능하지만, 퇴직 후에는 그 대충의 여파가 직격탄이 되어 가정을 다 뒤흔들어놓는다. 대충의 실력으로 대충 일을 하여 필요한 만큼의 수입을 올릴 수 있는 일을 회사 밖에서 찾는다는 것은 거의 불가능하기 때문이다. 남편의 준비 없는 퇴직은 몇 년 지나지 않아 아내를 밖으로 내몰게 한다. 퇴직금이 바닥난 후 변변치 못한 남편의 수입에 견디다 못해 아내는 가까운 마트로 뛰어들어 파트타임 아르바이트부터 시작한다. 사회 경험이라

고는 전무하다시피 한 아내를 밖으로 내몰아놓고도 일에 전념을 못하는 가장
들이 많다. 아직 참을 만하다는 생각이 들기 때문이다. 어딘가에 작은 수입원
이 있다는 것에 자신도 모르게 의지하기 때문이다. 아직도 그 대충의 꿈에서
벗어나질 못했기 때문이다. 일에 전념을 못하는 이유는 뭔가 기댈 만한 구석
이 있다는 증거다. 견딜 만하기 때문에 견디는 것이다. 입으로는 죽겠다고 죽
는 시늉을 해도 변화하지 않는 것은 당장 죽을 만큼은 아니라는 것을 반증한
다. 운동화에 모래 알갱이가 들어가도 빼내지 않는 것은 걷는 데 크게 지장이
없어 참을 만하다는 뜻이다. 굵은 모래알이 들어갔다면 걸음을 멈추고 운동화
를 벗어 바로 털어냈을 것이다.

우리 주위에는 생각보다 그런 직장인, 그런 퇴직자가 많다. 나이 마흔을 넘
어 남들로부터 욕을 먹고 자신으로부터 미움을 받는 그런 사람들이 많다.

論語 배움의 때를 놓치지 말라

유공실지(猶恐失之)는 오히려 무엇인가를 잃어버리는 것에 대한 두려움을 가
져야 한다는 뜻으로 이는 여러 경우를 생각해 볼 수 있다. 배운 것을 잃어버리
면 어떡하나 하는 두려운 마음, 배운 것을 실천하지 못하면 어떡하나 하는 두려
운 마음, 배움의 시기를 놓쳐버리면 어떡하나 하는 두려운 마음이 그것이다. 배
움의 때를 놓치고 나면 백이면 백 모두 후회를 한다. 그것은 예나 지금이나 변
함이 없다. 배웠음에도 실천하지 못하면 그 배움은 헛된 배움으로 남는다. 배운
이후에 무엇인가 변하지 않았다면 배움이 미치지 못한 것이다. 배운 것을 잃어
버리면 다시 시간을 들여 배워야 한다. 반복되는 좋지 않은 습관을 바꾸고 싶다
고 생각은 하면서도 잘 바꾸지 못하는 것은 배웠던 것을 잃었기 때문이다.

시기를 잃어버리는 두려움은 개인뿐만 아니라 거대 기업을 경영하는 경영주에게도 마찬가지로 존재한다. 폭발적인 경영 성과를 내고 있는 삼성의 이건희 회장도 이렇게 회고를 했다고 한다.

"지역전문가를 만드는 데 몇 년 걸렸어. 1973년부터 만들라고 그랬어. 안 만들어. 86년에 한 번 더 소리쳤어. 안 돼. 회장되고 나서 88년에 또 떠들었어. 그래도 안 돼. 90년에 고함을 질러버렸어. 사장단 회의 때 소리를 질러버렸다고. 그랬더니 그날로 당장 만들더란 말이야."

이건희 회장이 '지역전문가 제도'를 만든 과정에 대해 한 말이다. 1년간 업무에서 벗어나 해외에 체류하며 현지를 넓고 깊게 알 수 있는 기회를 주는 이 제도는 인재양성을 위해 이 회장이 기획했고, 『일본경제신문』은 2012년 12월 20일자 기사에서 이를 두고 "삼성 현지 마케팅의 근간이고, 급성장을 지탱하는 원천이 됐다."고 평가했다.

🈔 희망에 간절함이 더해져야 꿈이 된다

일을 할 때에도 배움 못지않게 그런 마음이 필요하다. 일은 마치 내가 미치지 못하면 어떡하나 하는 마음으로 해야 하고, 그것을 마무리하지 못하면 어떡하나 하는 두려운 마음으로 해야 한다. 즉 일이란 도달할 수 없는 것 같이 하고, 시기를 놓쳐 일의 결과를 잃어버릴까 두려운 듯이 해야 한다.

하지만 그런 간절한 마음이 잘 생기지 않는다는 데 문제가 있다. 업무는 업무일 따름인데 그 업무에 무슨 개인적인 간절함을 넣는다는 말인가. 공적인 회사 일에 어떻게 꼭 마치고야 말겠다는 간절함을 넣는다는 것인가?

사람들은 누구나 막연하지만 가보고 싶은 곳을 가지고 있다. 갖고 싶을 것을 늘 생각하며 산다. 되고 싶은 사람이 되었으면 하고 자주 생각한다. 그것을 꿈이라고 생각한다. 하고 싶지만 형편상 쉽게 할 수 없는 그런 아련한 것들을 꿈이라고 말한다. 그러나 그것은 꿈이 아니다. 그것은 희망일 뿐이다. 왜냐하면 간절함이 없기 때문이다. 간절함이 없는 소망은 그저 희망일 다름이다. 이루어지면 좋고 아니어도 어쩔 수 없는 단순한 희망사항으로 끝난다. 희망에 간절함이 더해져야 꿈이 된다. 그러면 그것이 희망이 아니라 꼭 꿈이어야 하는 이유는 무얼까. 꿈을 가지면 성취할 가능성이 생기기 때문이다. 꿈꾸지 않는 일이 이루어질 가능성은 전혀 없다. 인생은 한 번뿐이고 우리에게 주어진 인생의 시간 내에 이루어내지 못한다면 그 아무리 쉬운 일이라 할지라도 그것을 이루는 것은 불가능하기 때문이다. 우리는 할 수 있고 할 시간을 받았다. 꿈꾸면 이루어지고 꿈꾸지 않으면 아무것도 없다.

이러한 꿈에 기간을 더하면 드디어 선명한 목표가 된다. 꿈이 분명하다면 목표를 세우는 것은 복잡한 일이 아니다. 목표가 없어 성취를 못하는 것이 아니다. 아무것도 없는 무에서 유를 창조해내는 연금술사 같은 사람들의 일급비밀은 강력한 목표가 아니다. 그것은 열정(passion)인 것이다. 열정은 목표나 미션에 앞선다. 열정이 성취를 만들어내는 원동력이다. 그럼 그 열정은 어디서 오는가? 열정은 꿈에서 온다. 그것도 간절한 꿈에서 오는 것이다.

공부가 내 것이면 된다. 회사일이 내 일이 되어야 한다. 그러면 학여불급(學如不及)이 가능해진다. 업무불급(業務不及)이 가능해진다. 원하는 공부를 하면 된다. 원하는 일을 하면 된다. 다시 원점으로 왔다. 원하는 공부를 하면 잘할 수 있다는 것을 누가 모르겠는가. 원하는 일을 하면 잘할 수 있다는 것을 모르는 직장인은 없다. 그러니 원하는 공부를 찾는 것이 답이다. 원하는 일을 찾는 것이 답이다. 한참을 뛰어왔지만 길을 잘못 들었다면 원점에서 다시 시작해야 한다. 그게 학여불급(學如不及)을 할 수 있는 유일한 길이다.

學而不思則罔
思而不學則殆

공자가 말했다.
생각없이 배우기만 하는 것은 허망하게 되고,
배움없이 생각만 하는 것은 위태로울 뿐이다.

학 이 불 사 즉 망   ‖ **논어** 위정편 제15장
사 이 불 학 즉 태

子曰 **"생각 없이 배우기만 하는 것은 허망하게 되고, 배움 없이 생각만 하는 것은 위태로울 뿐이다."**

앞장의 학여불급(學如不及)에 이어 〈위정(爲政)편〉에는 또 하나의 학습 방법이 나온다. '배우기'와 '생각하기'의 중요함에 대한 대목으로, 생각 없이 배우기만 하는 것은 허망하게 되고, 배움 없이 생각만 하는 것은 위험한 일이라는 것이다.

공부(工夫) 1 : 공부(工夫)라는 한자는 그 어원에 있어 다양한 해석이 있으나, 공(工)은 물건을 만드는 도구의 모양을 본떠 만들었고, 어른 혹은 지아비를 나타내는 부(夫)는 큰(大) 머리에 상투(一)를 틀어올린 모양을 본떠 만들었다고 한다. 그렇다면 결국 공부란 훌륭한 어른으로 성장해가는 도구 내지는 학습과정이라 할 수 있다.

논어의 첫 문장인 학이시습(學而時習)에서 학습(學習)이라는 단어가 나왔는데 학(學)의 글자 모양을 보면 아이(子)가 책상() 위에서 양 손에 책을 잡고 글(文)을 읽는 모양이다. 책을 읽으며 배우는 모양 그대로. 습(習)은 새가 날개(羽)를 스스로(自) 퍼드덕거리는 모양이다. 백(白)은 원래 스스로 자(自)였다고 한다. 자기 스스로 익히는 것이 습이다. 따라서 공부(工夫)라는 것은 훌륭한 어른이 되기 위해 책을 통해 배우고 스스로 익히는 것이라 해석할 수 있겠다.

공부(工夫) 2 : 학습(學習)은 배우고 익힘이다. 배움이 공부인 것이 아니라 배움과 익힘이 공부이다. 학이불사즉망(學而不思則罔), 즉 배움만 있고 생각함이 없는 것은 아무것도 없는 허망한 일이라고 했다. 배움 못지않게 익히는 일과 생각하는 일이 중요하다. 학교에서 하루 종일 배우고 학원에서도 밤새도록 배우기만 한다면 익힐 시간이 없다. 익힐 시간이 없다는 것은 반쪽 공부인 것이다. 반쪽 공부에 학교도 학원도 열을 올리는 것이다. 그 열만큼이나 학생들은 학습열이 식어간다. 가르치고 배우는 일이 중요하기는 하지만 정말 중요한 것은 스스로 익히는 공부이다. 그래야 온전한 공부가 된다는 것이다.

공부(工夫) 3 : 책읽기는 사고력을 촉발시켜 생각의 폭과 두뇌를 활성화하는 데 가장 편리하고 손쉬운 방법이긴 하지만 이 역시 학이불사즉망(學而不思卽罔) 사이불학즉태(思而不學則

殆)이다. 학(學)을 책으로 바꾸어보면 자명해진다. 책을 읽지 않으면 혹은 책을 읽고도 생각하지 않는다면 독서의 결과가 허황되거나 허망한 일로 얻는 것이 없고, 생각은 많이 하나 다른 사람의 책을 읽지 않는다면 위험한 독선에 빠져 위태롭게 된다. 배우기만 하고 사색하지 않으면 멍청해지고, 사색만 하고 배우지 않으면 정신이 위태롭다.

🔲 회사의 힘을 자신의 능력이라고 착각하지 말라

한때 전자계열 대기업에서 잘나가는 직장인이었던 N씨가 찾아왔다. 대기업 퇴직 후 첫 번째 전직은 전혀 어렵지 않았다. 속으로 큰소리까지 치면서 전직을 했다. 하지만 2년을 넘기지 못하고 선배가 사장으로 있는 작은 회사로 옮겼다. 거기서 3년을 열심히 일했는데 그만 회사가 문을 닫았다. 그 후 집에서 약 1년을 쉬었다.

처음엔 그간 긴 노동에 대한 안식으로 생각하고 편한 마음이었으나 시간이 흐를수록 마음이 급해져만 갔다. 다시 취업시장에 이력서를 올리고 끝도 없이 기다렸으나 그 어디에서도 연락이 오지 않았다. 이제 더 이상 대기업의 프리미엄이 통하지 않는다는 것을 실감했다. 나이가 대기업의 좋은 경력을 눌러버린 것이다.

생각 없이 배우기만 하는 것은 허망한 결과를 가져온다고 했다. 생각 없이 일만 한 결과 역시 허망한 꼴이 되기 십상이다. TV 달인 프로에 등장하는 달인들의 수련기간이 대부분 10년 안쪽임을 감안하면 20대 중반에 번듯한 기업에 입사하여 50대 초반까지 25년에서 30년을 같은 분야에서 일을 했음에도 달인은 고사하고 재취업조차도 할 수 없는 지경에 놓였다는 것은 허망한 꼴이 아닐 수 없다.

　N씨는 세상이 빠르게 변한다는 것을 수없이 들으면서 직장생활을 했다. 기술의 흐름을 따라가기가 어렵다고들 했지만 회사 업무에서는 늘 기술의 선두에 서서 달려나가는 엔지니어였기 때문에 '나는 아니다. 아무리 그래도 나는 첨단을 가고 있다.'는 긍지가 있었다. 다른 생각을 깊게 할 필요가 없었다. 출근하면 책상엔 늘 일이 쌓여 있었고 그것을 처리하기에도 하루해가 짧았다. 스스로 무엇인가 준비를 해야 한다는 생각이 없어도 늘 최첨단의 선두에서 달리고 있다는 긍지가 있었다.

　하지만 그것은 시스템의 힘이었다. 조직의 힘, 대기업의 힘이었지 '내가 잘해서' 그런 것이 아니었다는 것을 조직을 떠난 후 비로소 알게 되었다. 조직에서 밀려나니 할 수 있는 일이 거의 없었다. 스스로 최첨단의 기술을 가지고 있다고 생각했지만 조직을 떠나면서 그것은 모두 물거품이었다는 것을 인정하지 않을 수 없었다. 손으로 움켜쥐고 싶어도 퇴직자의 손에 잡히는 것은 아무것도 없었다. 긍지가 하늘을 찔러 찬란한 경력을 가지고 있다고 생각했는데 그 끝은 허망할 뿐이었다. 생각할 틈도 없이 주어진 일을 열심히 했는데도 퇴직 후 남는 것이 아무것도 없는 허망한 꼴을 당한 수많은 퇴직자들은 모두 '그때 무엇인가를 생각해 가면서 일을 했어야 했는데……'라는 후회를 가지고 있다. 하지만 퇴직이라는 문을 나서면 이런 후회가 기다리고 있다는 사실을 절감하지 못하는 대부분의 직장인들은 아직도 생각 없이 일만 열심히 하고 있는 것이다.

論語 배움 없이 생각만 하는 사람의 한계

　B씨는 움직임을 싫어했다. 그저 사무실 책상머리에 앉아 PC만을 바라보면

서 주어진 업무를 처리했다. 첨단 분야에서 엔지니어로 일을 하고 있었지만 사내 기술 세미나에 참석하는 일도 별로 없었다. "들어봐야 뻔한 이야기인데 뭐 시간 낭비를 해." 그는 늘 그렇게 말했다. 대학 4년 동안 아니 정확히 말하면 3, 4학년 때 배운 그 알량한 전공지식으로 10년 혹은 20년을 근근이 버티면서도 도대체 배우려고 하질 않았다. 일은 새로운 기술이나 지식을 꼭 배워야만 가능한 것은 아니다. 어제 했던 방식으로 오늘 하면 된다. 어제의 방식이 조금 불편하기는 해도 전혀 불가능한 것은 아니기 때문이다.

그는 아주 오래 전에 읽은 한 권의 책만을 떠올리며 세상의 모든 경우를 다 거기에 꿰어맞추곤 했다. 그 어떤 대화를 해도 똑같은 인용만 하고, 퇴근 후 유명인의 세미나에 같이 가자고 해도 시큰둥하다. 들어봐야 매번 똑같은 이야기인데 시간 낭비하지 말고 집에나 일찍 들어가자는 게 B씨의 반복되는 레퍼토리이다.

그런 B씨와 대화를 해보면 그가 가지고 있는 지식은 네이버 지식이라는 것을 금방 알게 된다. 그가 알고 있는 이야기는 컴퓨터 첫 화면에 쏟아져나오는 포털의 가십성 뉴스가 전부다. 세상의 모든 뉴스를 섭렵하면서 말과 생각은 천리를 가지만 깊이 있게 알고 있는 것은 거의 없다. 재미는 있지만 배울 것은 없다. 시간을 같이 보내기는 좋지만 같이 보낸 그 시간만큼 시간이 아깝다는 생각이 늘 든다.

論語 배웠지만 생각하지 않는 사람의 한계

운전면허를 따고 어느 정도 초보딱지를 떼어낼 때쯤 되면 운전에 자신이 붙는다. 하지만 공교롭게도 대부분의 첫 번째 사고는 바로 그 시점인 경우가 많다. 회사에서 새로운 업무를 시작하여 어느 정도 익숙해지면 업무에 자신감을 갖게 된다. 하지만 공교롭게도 대부분의 첫 번째 사고는 바로 그 시점인 경우가 많다. 이때가 바로 '학이불사(學而不思)'의 시기이기 때문이다. 배웠지만 깊이 생각할 기회를 갖지 않았기 때문이다. 대부분의 직장인은 업무를 하는 시간이 짧아서 역량을 못 만드는 것이 아니라 생각하지 않아서 업무를 자신의 것으로 만들지 못하는 경우가 더 많다.

생각을 위한 효과적인 방법에는 정리하기가 있다. 처음 배운 업무를 정리해 보는 것이다. 업무 매뉴얼도 다시 점검해 보고 현실과 이론이 얼마나 근접되어 있는가도 확인해 보는 것이다. 그런 과정이 있어야 그 업무가 내것이 된다. 정리란 어려워서 하지 않는 것이 아니라 당장 하지 않는다고 해서 문제가 되는 것도 아니면서 번거롭기 때문에 자꾸 다음으로 미루게 되는데, 그 시기를 놓치면 즉망(則罔)이 된다. 지금 당장 허망한 꼴을 보지 않는다 하더라도 언젠가는 꼭 후회를 하게 된다.

한편 배움과 생각을 함께 얻을 수 있는 가장 좋은 방법으로는 독서를 꼽을 수 있다. 나는 지난해 1월 1일을 기해서 차를 주차장에 세워두고 대중교통을 이용하기로 결정한 후 지하철을 타고 출퇴근을 한 지 1년이 넘었다. 자가용이 없으면 생활이 불가능할 만큼 불편할 것으로 생각했었는데 그 편견이 깨졌다. 아니 자가용을 없애니 대신에 몇 가지 좋은 점이 생겼다. 걷는 시간이 많아져 건강에도 많은 득이 되었지만, 뜻하지 않은 횡재는 오가는 시간에 책을 읽을 수 있는 시간을 찾아냈다는 것이다. 출퇴근 시간을 합쳐 하루에 전철에서 보내는 시간이 1시간 이상이고 독서 시간이 하루에 그만큼 공짜로 생겼으니 횡재인 것이다. 일주일이면 한 권 정도는 넉넉하게 읽을 수 있는 시간이다. 이 시간이면 나름 학이불사즉망 사이불학즉태(學而不思則罔 思而不學則殆)를 실천할 수 있는 시간이 된다. 책을 읽으면서 공부가 되고 책을 읽으면서 사색이 된다.

仕而優則學
學而優則仕

자하가 말했다.

벼슬하면서 여력이 있으면 배우고,

배우고 여력이 있으면 벼슬을 한다.

사 이 우 즉 학

학 이 우 즉 사

논어 자장편 제13장

子曰 "벼슬하면서 여력이 있으면 배우고, 배우면서 여력이 있으면 벼슬을 한다."

공자의 제자로 공문10철(孔門十哲) 중의 한 사람이었던 자하(子夏)가 벼슬과 학문에 대해 한 말이다. 사이우즉학(仕而優則學)의 사(仕)는 벼슬을 의미하며, 우(優)는 넉넉하다, 여유가 있다는 뜻이다. 벼슬을 하면서 여력이 있으면 배운다는 뜻이다. 벼슬을 의미하는 사(仕)를 현대 직장인의 일로 바꾸어보면 이해가 한결 쉬워진다. 일을 하면서 여력이 생기면 배워야 한다. 그래야 다음 단계로 더 발전할 수 있다. 또한 배웠으면 일을 해야 한다. 배움을 혼자만의 만족으로 끝내는 것이 아니라 밖으로 나와 사회나 공공을 위해 써야 한다는 말이다.

論語 직장에 다니는 늦깎이 학생들

30년 전만 하더라도 우리나라는 고등학교 졸업자 중 대학까지 졸업하는 이의 비율은 현재의 독일처럼 약 20% 전후였지만 지금은 고등학교 졸업자의 대부분이 대학 진학을 하는 세계 최고의 고학력 사회가 되었다. 그러니 학사라고 해도 별로 특별할 것 없는 시대가 되었다. 하지만 아직도 그 흔한(?) 학사모 한번 써보지 못했던 과거의 이력 때문에 아무리 실적이 좋아도 차별을 받고 있는 직장인들이 많다. 업무능력과는 무관한데도 끈질기게 따라다니는 학력이라는 지우기 어려운 상처 때문에 힘들어 하는 직장인들이 곳곳에 숨어 있다.

학점은행제는 바로 그런 직장인을 위해 생겨난 제도이다. 현재 많은 대학에서 평생교육원, 사회교육원이라는 이름으로 혹은 학점은행제라는 제도를 통해 평생교육의 장이 열려 있다. 특히 주말반인 경우는 일주일에 토요일 하루만 수업을 해도 3~4년이면 대학 졸업장을 받게 되어 있어 많은 직장인들이 공부를 하고 있다. 주말이면 대학 캠퍼스에는 늦깎이 학생들의 열기를 어디서

나 쉽게 찾아볼 수 있다. 직장인 대학생으로, 평생교육원 학습자로 대학가를 누비고 있는 것이다.

처음에는 학사모와 졸업장 때문에 대학을 찾았던 이들도 수업을 들으면서, 점차 시간이 지나면서 변하기 시작한다. 새로운 배움 속에 즐거움이 늘고 만나는 사람들 속에 관계가 넓어진다. 학년이 올라가면서 이제는 학사모가 아니라 그동안 몰랐던 새로운 지식과 미래에 대한 목표를 다시 찾는 것에 희망을 느끼게 된다. 새로운 인생을 준비하는 청춘의 열정에 스스로도 깜짝깜짝 놀란다. 건조했던 그간의 삶에서 새싹이 피어오름을 느낀다. 일하면서 공부하는 사이우즉학(仕而優則學)의 한 단면이다.

직장인이 여력을 만들 수 있는 세 가지 조건

많은 직장인들이 시간과 여유가 생긴다면 하고 싶은 일 중의 하나로 자기계발을 꼽는다. '일을 하면서 여력이 생기면 배운다.' 겉으로 내색하기가 쉽지는 않지만 대부분 직장인들의 바람인 것이다. 하지만 문제는 아무리 해도 여력이 생기지 않는다는 것이다. 여력은 전문가가 되어 뒤를 되돌아볼 줄 아는 정도는 되어야 가능한 일이기 때문이다. 그러면 일과 업무 혹은 자신의 경력에서 어떻게 하면 여유나 여력을 만들어낼 수 있을까?

첫 번째는 우선 주어진 업무에 충실히 임하는 것이다. 직장인이 일을 떠나선 그 존재 의미가 없다. 그러니 먼저 업무에서 두드러져야 한다. 업무 실적으로 승부를 걸어야 한다. 그래야 승진을 시키든 회사 밖으로 공부를 하러 보내든 일종의 여력을 만들어준다. 주어진 업무도 제대로 못하면서 해외 대학으로 나가는 학술파견 대상자로 자신을 뽑아주기만을 기다린다는 것은 그야말로 허황된 꿈에 지나지 않는다. 그러니 입사 후 혹은 승진 후 제일 먼저 해야 할 일은 업무 실력으로 먼저 자신을 보여주는 일이다. 그것이 5년이 걸리든 10년이 걸리든 업무 성과로서 자신을 증명해내야 한다. 그런 노력의 과정 없이 여력을 찾는다는 것은 명예퇴직을 준비하는 것이나 다름없는 일이다.

두 번째는 상사와 부하사원들에게 충실해야 한다. 인간관계는 일을 풀어가는 특별한 윤활유와 같다. 그 어떤 일도 혼자 하는 일은 없다. 혼자 성과를 내는 일은 극히 드물다. 일은 8할 이상이 인간관계로 이루어져 있다. 인간관계가 부드러워야 여유가 생기고 여력이 생긴다. 직장인이라면 누구나 특별히 가르치지 않아도 상사들에게는 잘하게 되어 있다. 그 정도의 눈치는 직장인이라면 기본이기 때문이다. 하지만 부하사원들에게는 그렇지 않은 경우가 많다. 인간관계로부터 생겨나는 여유를 자신의 것으로 만들고 싶다면 이제는 부하사원들에게도 상사에게 하는 것 이상의 전략을 구사해야 한다.

세 번째는 자신의 미래 브랜드를 정하는 일이다. 직장인으로 살아갈 때는 그다지 절실하게 느끼지 못하지만 직장인이라는 명찰이 사라지고 나면 가장 필요한 것이 퍼스널 브랜드이다. 자신만의 브랜드를 가지고 있지 못하면 살아가기가 쉽지 않은 것이 직장인의 후속 삶이기 때문이다. 그러므로 우선은 자기브랜드에 대한 분명한 목표가 있어야 하고 그래야만 퇴직하기 전까지 그것을 만들수 있게 된다. 직장인이 자신의 브랜드를 만들 수 있는 곳은 오직 직장뿐이라는 것을 잊어서는 안 된다.

업무와 자기브랜드는 동떨어진 별개의 것이 아니다. 일상의 담당 업무 중에서 특별히 마음이 가는 업무를 정해 전략적으로 집중을 하면 어렵지 않게 자신의 특기로 만들 수 있다. 어차피 하는 일이라고 해도 마음이 더 가는 일이니 더 집중하게 된다. 퇴근 후나 주말에 그 업무와 관련된 것을 조금 더 파고들면 업무의 전문성은 점점 더 높아진다. 그렇게 업무를 하면서 만들어진 전문성을 미래 자신의 브랜드로 정할 수도 있게 되는 것이다. 미래 사람들이 기꺼이 자신의 지갑을 열 수 있게 하는 가치 있는 자기만의 브랜드를 만들어내야 한다.

論語 먼저 사이우(仕而優)가 되어야 한다

탁월한 업무 실적과 돈독한 인간관계 그리고 업무를 통해 자신의 미래 브랜드를 구축해 간다면 여력이 생길 것이다. 한 템포 쉬면서 인생을 되돌아볼 수 있는 시간 갖기가 가능해진다. 일에 자신감이 붙고 실적으로 기여를 했다면 여유가 생긴다. 직장인으로서 당당한 여유가 생기는 것이다. 이제 해야 할 일은 더 높은 목표를 위해 충전을 하는 일이다. 다시 배움으로 잠시 돌아가는 것이다. 혹은 이론만을 가르치는 교육현장으로 뛰어들어 이론과 실무에 능한 후배들을 키워내는 데 일조를 할 수도 있다.

더욱이 이제는 평생교육의 시대다. 대학을 졸업했다고 해서 한 번 배운 것만 가지고는 세상의 변화에 오랫동안 부응할 수가 없다. 정규 교육과정 이외에 나이와 지위에 관계없이 배울 수 있는 교육의 기회가 늘어나고 있다. 현재의 위치에서 어느 정도 여력과 여유만 있다면 배울 수 있는 길은 많이 열려 있다.

문제는 나와의 관계인 것이다. 세상은 이전과 비교할 수 없을 정도로 많이 개방되었지만 내가 문을 열지 못하면 나는 밖으로 나갈 수가 없다. 내가 준비가 되어 있지 않다면 문 밖의 세상이 아무리 발전을 했더라도 아무 소용이 없는 것이다. 경력이 쌓일수록 나이가 더 먹어갈수록 그 문은 열기가 점점 어려워진다. 먹고 살기가 점점 더 어렵다는 말이다. 그러니 여력을 만들어내야 한다. 가능하면 현재의 조직 안에서 뭔가를 만들어내야 한다. 그 작은 벽을 넘지 못한다면 단지 먹고 사는 것에 인생의 모든 시간을 다 쓸 수밖에 없다. 현재의 조건에서 여력을 만들어내는 지혜가 필요하다. 현재의 일에서 여유를 만들어내는 기술이 필요하다.

2부

중요한 것은 현재이다.

지금을 다져라

吾日三省吾身
爲人謀而不忠乎
與朋友交而不信乎
傳不習乎

증자가 말했다.

나는 매일 세 가지로 나 자신을 살핀다.

남을 위하여 일을 도모하되 진심을 다하지는 않았는가?

뜻이 같은 벗들과 더불어 사귀는 데 믿음을 잃는 행동은 하지 않았는가?

스승으로부터 배운 것을 익히지 못한 것은 없는가?

오 일 삼 성 오 신　**논어** 학이편 제4장

위 인 모 이 불 충 호

여 붕 우 교 이 불 신 호

전 불 습 호

子曰 "나는 매일 세 가지로 내 자신을 살핀다. 남을 위하여 일을 도모함에 최선의 마음을 다하지 못한 것은 없는가? 벗과 사귐에 믿음을 주지 못한 것은 없는가? 스승으로부터 전수받은 것을 제대로 익히지 못한 것은 없는가?"

이 말을 직장인에게 대입해 보자. 매일 세 가지로 자신을 살핀다. 출근하여 일을 함에 마음을 다하고 충심으로 했는가? 동료나 상사, 부하들과의 관계에서 신의를 다하고 믿음을 주는 사람이 되었는가? 늘 학습하고 자기계발을 하고 있는가?

100년 만에 찾아온 긴 가뭄에도 꿋꿋하게 꽃잎을 지켜내려고 바람에 하늘거리는 이름 없는 들풀들도 최선을 다하고 있다. 그들은 가뭄을 핑계대지 않는다. 이글거리는 태양을 핑계대지 않는다. 자리를 옮기지도 않는다. 바로 그 자리에서 충심으로 자리를 지키고 꽃을 피워내고 있다. 바람에 흔들리지만 꽃을 피워낸다. 오지 않는 비가 그립지만 안간힘을 다해 꽃을 피워낸다. 그들은 군락을 이루고 어깨를 부딪치며 바람과 가뭄을 이겨간다.

論語 충(忠), 주어진 일에 정성을 다하면
바로 그 일이 미래의 나를 살린다

직장생활을 하면서 자신이 맡은 일은 혼자서 한다고 생각하지만 그 어떤 일도 결코 혼자서 하는 일이 아니다. 설사 업무는 혼자서 하더라도 그 일의 결과는 늘 다른 사람들에게 영향을 미친다. 하지만 많은 직장인들이 이 사실을 놓친다. 그러다 보니 자기 마음에 드는 일과 그렇지 않은 일에 따라 최선을 다하기도 하고 대충대충 하기도 하는 것이다.

충심과 진심으로 일을 하려면 그 일이 좋아하는 일이어야 하고 즐거운 일이어야 하는데 현실은 그렇지가 않다. 하고 싶은 일을 할 때보다 하기 싫은 일을 해야 하는 경우가 더 많다. 싫어하는 사람들과 하기 싫은 일을 억지로 해야 하는 경우도 비일비재하다. 얼굴만 보면 오만상을 찡그리는 상사와 협동심이라고는 눈 씻고 찾아볼 수 없는 개인주의가 팽배한 조직에서 일을 하면서는 충심도 진심도 우러나오기가 힘들다.

자신의 일이 오직 월급만을 위한 일이라면 문제는 더 심각해진다. 물론 월급을 받는 입장에서는 최선을 다해 일을 해야 하는 것이 당연하다. 하지만 그것을 몰라서 최선을 다하지 않는 것이 아니기 때문에 늘 갈등하는 것이다.

그러면 남을 위하여 일을 도모함에 최선의 마음을 갖고 진심을 다해 일을 하기 위해서는 무엇이 필요할까. 우선 남을 위한 일이지만 그 일이 나에게도 도움이 된다는 생각이 들어야 한다. 물론 겉으로 보면 월급만으로도 족하다. 그러나 월급 이외에 그 일에서 무엇인가 중요한 것을 배우고 얻는다는 확신과 성취감을 갖는 것도 월급 못지않게 중요하다. 기계는 월급만큼 일을 하지만 사람은 아니다. 월급 이상의 일을 해낼 수도 있고, 월급의 반에도 못 미치게 일을 할 수도 있기 때문이다.

일에 대한 충심은 개인의 욕심이 전제되어야 가능하다. 뭔가 개인적으로 남는 것이 있어야 달려들어 일을 한다. 그러면 개인의 욕심이란 무엇을 의미할까. 그것은 바로 자신의 일을 통해 개인 브랜드를 만들어내는 일이다. 언젠가 조직을 떠나게 될 때 혼자서도 당당히 설 수 있는 자신의 개인 브랜드를 현재의 업무를 통해 만들 수 있다면 그 일에 충심이 생기지 않을 수가 없는 것이다.

어떤 일에든 충심을 다하면 당연히 그 일을 잘 알게 된다. 일을 잘 알게 되어야 그 일을 응용하고 발전시켜 미래를 대비한 자신의 브랜드를 만들어낼 수 있게 된다. 시키는 일만 대충대충 해서는 일의 진면목을 발견해낼 수가 없다. 진심을 갖고 그 일을 대하지 않으면 그 일을 제대로 알 수가 없다.

자신에게 주어진 일에 정성을 다해야만 그 일이 미래에 나를 살린다. 반대도 마찬가지이다. 그 일이 나의 미래를 살릴 것이라는 판단으로 일에 몰입을 하다 보면 결국 같은 결과가 나온다. 그러니 중요한 것은 주어진 일에 정성을 다해야 한다는 것이다. 충심과 진심을 다하는 그 마음이 미래의 나를 살리고 회사도 살리게 된다.

그러니 매일 하루 일을 끝내고 잠자리에 들기 전 습관처럼 스스로에게 물어보자. 남을 위하여 일을 도모함에 최선의 마음을 다하지 못한 것은 없는가?

論語 신(信), 직장 내 인간관계에서 믿음은 실력과 비례한다

일터에서의 친구란 누구인가? 뜻이 같은 친구란 누구를 지칭하는가? 회사 식당에서 한솥밥을 먹고, 같은 맛의 커피를 마시고, 같은 장소에서 얼굴을 맞대면서 시간을 보내는 일터의 선배와 동료와 부하사원들 그리고 상사들이 바로 그들일 것이다. 친구가 아니면서 친구 이상의 시간을 같이 보내고 길게는 10년, 20년을 동고동락하는 관계가 친구가 아니고 무엇이겠는가?

하지만 이렇게 오랜 시간 함께 일하는 사이일지라도 그들 모두에게 믿음을 주고 신뢰를 얻는다는 것은 결코 만만한 일이 아니다. 입사동기야 자연스럽게 믿음이 생기는 경우가 더러 있다 해도 선배나 부하사원 특히 상사와의 관계는 어렵기만 한 것이 일터에서 맺어진 관계의 속성이다. 몇 명만 모여도 자연스럽게 패가 갈리고 저마다 독특한 성격을 가진 그들과 친구가 된다는 것은 어쩌면 불가능한 미션일지도 모른다. 하지만 정말 방법이 없는 것일까?

중요한 것은 일에 대한 자신감이다. 자신의 일에 자신이 있으면 타인과의 관계에서도 자신이 붙는다. 그러니 먼저 자신의 담당업무에 집중하여 실력을 키우면서 사람들과의 관계를 넓혀나가는 전략이 필요하다. 사람만 좋고 실력이 없다면 타인에게 속기 쉽다. 관계도 오래가지 못한다.

　믿음이란 막연히 상대를 믿는다고 되는 것이 아니다. 막연히 믿는다는 것은 이미 속기 시작했음을 의미한다. 업무를 통해 자신의 실력이 커지면 자신감이 생긴다. 설사 동료나 상사가 나의 믿음에 실망을 준다고 해도 그것을 버텨낼 자신감이 있기 때문에 의연한 대처가 가능하다. 그러니 직장 내 인간관계를 믿음으로 채우려면 무엇보다 남들이 무시할 수 없는 업무 실력과 인격을 가지고 있어야 하는 것이다.

　그러니 매일 하루 일을 끝내고 잠자리에 들기 전 습관처럼 스스로에게 물어보자. 직장에서 동료나 후배, 상사를 대함에 충분한 믿음을 주었는가? 그 믿음의 기초인 실력을 만들기 위해 오늘 무엇을 하였는가?

論語 학습(學習), 배움 없이는 성장도 없다

　사람은 누구나 배우지 않고는 성장할 수 없다. 책으로부터 배우는 방법을 택하든 일을 통해 배우는 방법을 택하든 그 배움의 대상이 누구이든 무엇이든 배우고 익히지 않는다면 더 이상의 발전은 불가능하다.

　직장생활도 마찬가지다. 조직으로부터, 상사로부터, 맨토로부터, 멘티로부터 배운 것을 익히지 못한 것은 없는지 끊임없이 확인을 해봐야 한다. 조직으로부터 내려오는 사명이나 미션을 제대로 알면서 고객을 만나는 것인지, 상사의 의도나 지시를 제대로 이해하고 받아들이고 있는지, 멘토의 가르침을 제대로 배우고 있는지, 부하사원에게 배우는 신지식을 제대로 이해하고는 있는지를 되돌아봐야 한다.

　책을 통해 배우는 지식은 혼자 열심히 하면 가능하지만, 일을 통해 배우는 경우는 사람이 중요하다. 그 일을 먼저 해본 상사나 선배나 멘토의 역할이 핵심이다. 그들로부터 배운 것을 익히고 적용해 보면서 자신의 성장을 도모하는 것이다. 직장은 배움의 연속이다. 누군가에게 믿음을 주고 믿음을 얻기 위해서는 실력이 있어야 하고 그 실력은 일에 진심으로 몰입할 때 키워진다.

일을 진심으로 하기 위해서는 선배들의 가르침이 좋은 본보기가 되기 때문에 가르침을 받는 데 집중해야 한다. 즉 충과 신과 학습은 서로 별개의 것이 아니라 서로가 서로를 키워주는 역할을 하는 것이다. 그러니 매일 하루 일을 끝내고 잠자리에 들기 전 습관처럼 스스로에게 물어보자. 직장에서 학습을 하고 자기계발을 하는 데 소홀함은 없었는가?

하루를 시작하는 출근시간에 5분, 하루를 마무리하는 퇴근시간에 10분, 이렇게 15분을 매일 투자하면 하루의 1%에 불과한 이 시간이 나머지 99%의 시간을 활성화시킨다. 아침에 5분은 상기하는 시간으로, 저녁에 10분은 성찰하는 시간으로, 하루 1%의 시간을 점검하고 반성하고 되돌아보는 시간으로 삼는다면 증자의 오일삼성오신(吾日三省吾身)이 가능할 것이다.

譬如爲山 未成一簣
止 吾止也
譬如平地 雖覆一簣
進 吾往也

공자가 말했다.
비유컨대 산을 쌓아 올리는데
한 삼태기의 흙을 더 붓지 않아 산을 이루지 못하고
멈추었다면 내가 스스로 그만둔 것이오,
비유컨대 땅을 평평한 평지로 고르는데
비록 한 삼태기의 흙을 쏟아부어
진척시켰다면 그것도 내가 진척시킨 것이다.

비 여 위 산 미 성 일 궤
지 오 지 야
비 여 평 지 수 복 일 궤
진 오 왕 야

논어 자한편 제18장

子曰 **"흙을 부어 산을 만든다고 할 때 마지막 한 삼태기의 흙을 더 붓지 않아 산을 이루지 못했다면 그것은 내가 그만둔 것이고, 평지를 만들기 위해 한 삼태기의 흙을 쏟아부어 조금이라도 진척을 시켰다면 그것도 내가 그렇게 한 것이다."**

주자는 이 대목을 다음과 같이 해석했다. "배우는 자가 스스로 힘쓰고 쉬지 않으면 작은 것을 쌓아 많은 것을 이루고, 중도에 그만두면 예전의 노력이 모두 허사가 된다. 그 중지함과 그 나아감이 모두 자신에게 달려 있고 남에게 달려 있지 않다."

우공이산(愚公移山)은 어리석은 영감이 산을 옮겨놓는다는 말로, 남 보기에는 미련한 것같이 보이지만 한 가지 일을 계속 물고 늘어지면 언젠가는 목적을 달성하게 된다는 뜻이다. 우공이라는 사람이 나이는 벌써 아흔이 가까운데 산이 길을 막고 있어 드나들 때마다 멀리 돌아서 다녀야만 했다. 영감은 그것이 몹시 불편하게 생각되어 가족들과 상의한 끝에 산을 옮기기로 했다. 우공은 아들 손자들을 거느리고 산을 허물기 시작했다. 그러자 지수(智)라는 영감이 이 광경을 보고 웃으며 이렇게 말렸다. "이 사람아, 어쩌면 그렇게도 어리석은가. 다 죽어가는 자네 힘으로는 풀 한 포기도 제대로 뜯지 못할 터인데 그 흙과 돌을 어떻게 할 작정인가?" 그러자 우공은 한숨을 내쉬며 말했다. "자네의 그 좁은 소견에는 정말 놀라지 않을 수 없네. 자네는 저 과부의 어린아이 지혜만도 못하지 않은가. 내가 죽더라도 자식이 있지 않은가. 그 자식에 손자가 또 생기고 그 손자에 또 자식이 생기지 않겠는가. 이렇게 사람은 자자손손 대를 이어 한이 없지만 산은 불어나는 일이 없지 않은가. 그러니 언젠가는 평평해질 날이 있지 않겠나?" 옥황상제는 우공의 정성에 감동하여 두 산을 들어 옮겨주었다. 쉬지 않고 꾸준히 노력해서 성공하게 된다는 이야기이다.

마부작침(磨斧作針)도 비슷한 뜻이다. 도끼를 갈아 바늘을 만든다는 말로, 아무리 어려운 일이라도 꾸준히 노력하면 이룰 수 있다는 뜻이다. 당나라 때 시선(詩仙)으로 불린 이백(李白)이 젊었을 때 공부에 싫증이 나서 산을 내려와 집으로 돌아오는 길에 한 노파가 냇가에서 바위에 도끼를 갈고 있는 모습을 보게 되었다. 이상하게 생각한 이백이 물었다. "할머니, 지금 무엇을 하고 계신 것입니까?" "바늘을 만들려고 한단다." 노파의 대답을 들은 이백이 기가 막혀서 "도끼로 바늘을 만든단 말씀입니까?" 하고 큰 소리로 웃자 노파는 가만히 이백을 쳐다보며 꾸짖듯 말하였다.

"얘야, 비웃을 일이 아니다. 중도에 그만두지만 않는다면 언젠가는 이 도끼로 바늘을 만들 수가 있단다." 이 말을 들은 이백은 크게 깨달은 바 있어 그 후로는 한눈팔지 않고 글공부를 열심히 하였다고 한다. 아무리 어려운 일이라도 끈기를 가지고 계속 노력하면 마침내 이룰 수 있다는 뜻이다.

論語 '아는' 것과 '하는' 것은 완전히 다른 이야기다

낯선 지역의 간이 버스 정거장에 도착하여 버스노선도를 볼 때 어느 쪽으로 가는 버스를 타야 제대로 가는 방향인지를 몰라 종종 당황할 때가 있다. 그래서 어떤 청년이 그런 사람들을 위해 하나의 아이디어를 냈다. 정거장에 붙어 있는 버스 노선도에 진행 방향을 표시하는 빨간 화살표 스티커를 붙이는 것이었다. 빨간 화살표는 승객들에게 '당신이 이 버스를 타고 가면 거기는 어디'라는 것을 명확하게 알려줌으로써 진행방향을 몰라 혼란스러워하는 승객들에게 큰 도움을 주고 있다. 단지 버스노선도에 방향 표시가 필요하다는 사실을 아는 데 그치지 않고 한발 더 나아가 스스로 방향 표시 화살표를 붙인 청년의 작은 행동 하나가 도시를 바꾸고 있는 것이다.

업무의 완벽한 수행이 직장 생활의 기본이라는 것을 모르는 직장인은 없다. 그러나 '아는' 것과 '하는' 것은 완전히 다른 이야기다. 깨끗하고 철저하게 마무리를 할 줄 몰라서 못하는 것이 아니라 이런저런 다양한 이유들로 인해 실행을 못하는 것이다. 업무에 대한 애정이 적어서일 수도 있고 업무를 잘 몰라서 그럴 수도 있다. 상사가 덜 챙겨서일 수도 있고 부하들이 말을 듣지 않아 그럴 수도 있다. 수많은 변명이 다 맞지만 가치 있는 변명은 없다. 이처럼 모든 일에 변명으로 일관한다면 세상에 완성되는 일은 하나도 없을 것이다.

변명을 생각하는 것도 나고, 변명을 채택하는 것도 나다. 나로 인해 일이 완성되기도 하고 나로 인해 일이 미완으로 끝날 수도 있다. 변명거리가 부족해서가 아니고 나의 마무리가 부족해서이다. 어떤 일을 할 때 꾸준하게 산을 만들어가는 비여위산(譬如爲山)의 마음으로 일을 해야 한다는 것에 동의하지 않는 사람은 없을 것이다. 그러나 마지막 한 삼태기의 흙까지 마무리하기 위해서는 마음만 가지고는 어렵다. 예를 들어 무엇인가 의미 있는 것을 목표로 설정하여 도전을 한다고 했을 때 이 도전에는 삼박자가 맞아야 한다.

첫째는 재미와 열정이다. 그 일이 하고 싶은 일이어야 한다. 억지로 하는 일에서 재미를 느끼는 사람은 없다. 한 달 두 달 해봐서 잘 되면 하고 안 되면 포기하는 그런 것을 우리는 도전이라 하지 않는다. 도전은 최소한 5년, 10년을 걸고 하는 것이다. 도전에는 끈기가 필수적이다. 그리고 이 끈기를 만드는 것은 바로 재미와 열정인 것이다. 목표의식이나 도전의식도 물론 중요하지만 긴 시간 동안 일을 하게 만드는 추진체는 재미라는 연료이고, 그로 인해 열정이 생겨나는 것이다. 어떤 일이든 쉽게 포기하는 이유 중의 하나는 그 일이 지겹기 때문이다. 끝은 보이지도 않는데 지겹기까지 한 것은 포기하기에 최적의 조건이 된다. 그래서 인생을 걸고 도전을 하고 싶다면 좋아하는 것을 해야 한다는 것이 많은 사람들의 한결같은 말이다. 가능하다면 좋아하는 일, 자신의 열정을 쏟아부을 수 있는 일을 선택해야 한다. 그래야 오래갈 수 있고 오래가야 성취가 가능하기 때문이다.

두 번째는 시간관리다. 어떤 일을 꾸준히 하려면 반드시 시간관리가 필요하다. 무언가 목표를 세우고 그 목표를 달성하고자 할 때 사람들은 시간관리에 관심을 가진다. 특히 빠른 시일 내에 달성하고자 하는 단기목표를 세웠을 때 시간관리에 더 신경을 쓴다. 그러나 정작 시간관리가 필요한 것은 장기 목표를 세웠을 때다. 목표가 가까이 있을 때는 자동적으로 시간을 관리하게 되어 있지만 먼 목표를 추구할 때는 도리어 시간관리에 소홀해지는 것이 일반적이기 때문이다.

어떤 일이건 끝없는 열정을 가지고 진행하기란 불가능하다. 아무리 좋아하는 일이라 해도 무언가 의미 있는 결과가 없다면 무한정 매달리는 것은 힘든 일이다. 하지만 중간 중간 가시적인 효과가 확인된다면 초기의 열정을 이어가는 확실한 징검다리가 된다. 어떤 일을 함에 있어서 가시적인 효과를 만들어내는 것은 결국 시간 싸움이다. 조금 더 효율적으로 조금 더 빠르게 중간 결과를 보고자 한다면 자신에게 주어진 시간을 컨트롤할 줄 알아야 한다.

예를 들어 본업 이외의 취미생활에 좀 더 많은 시간을 할애하고 싶은 사람이라면 시간관리에 특별히 더 신경을 써야 한다. 이런 경우에는 본업에 집중하는 시간의 업무강도를 더 올려야 취미생활을 위한 시간을 늘릴 수 있다. 본업은 여전히 평상시와 같은 패턴으로 하면서 취미생활에 상당한 시간을 쓴다면 취미에 몰입하는 즐거움만큼 본업에서 펑크가 날 것이기 때문이다. 떨어진 실적으로 받을 수 있는 업무 평가는 뻔하다. 동료들이 많은 인센티브에 즐거워하고 있을 때 혼자 화장실로 달려가야 하는 불행한 상황이 벌어지는 것이다.

세 번째는 건강이다. 타고난 건강이 아니라 관리되는 건강을 말한다. 어렸을 적 새벽이면 일찍 일어나신 아버지는 늘 제일 먼저 담배를 챙기셨다. 비몽사몽간에도 아버지가 내뿜는 담배연기는 쉽게 사라지지 않았다. 시각과 후각으로 기억되는 새벽의 그 모습 속에서 나의 어린 시절은 계속되었다. 나는 담배를 피우지 않지만 공복에 피우는 새벽 담배맛이 최고라는 말을 아버지로부터 많이 들었다. 그렇게 40년 동안 담배를 피우셨던 아버지도 나이가 드신 후에는 금연을 하셨지만 금연을 하고 20년 만에 노환으로 돌아가실 때 결국 사망 원인은 폐 쪽에 있었다.

흡연이 건강의 가장 큰 적이라는 것을 말하려고 이미 돌아가신 아버지 이야기를 하는 것은 아니다. 문제는 건강을 관리하고자 하는 자신의 의지이다. 바로 옆 책상에서 일하던 동료가 흡연이 문제가 되어 병원에 입원하는 신세가 되었는데도 시간만 되면 그 담배를 참지 못해 흡연실로 달려가는 모습을 여러 번 보았다. 어쩌면 그는 평소 자랑삼아 말하던 타고난 건강을 믿고 있었는지도 모른다. 담배 때문에 병원에 가는 일은 없을 거라 장담하던 그도 결국 담배 때문에 병원에 입원까지 했는데 그 병원에서조차 담배를 참지 못하는 것을 보고 참으로 안타까웠던 기억이 생생하다.

건강이 담보되지 않는다면 세상의 모든 것은 무의미하다. 특히 직장인의 경우 시간이 오래 걸리는 의미 있는 일을 마무리하기 위해서는 무엇보다도 먼저 건강을 확보해 놓아야 한다. 아무리 대단한 프로젝트를 진행하고 그 과정이 성공적이었다 해도 건강상의 이유로 그 프로젝트를 내가 마무리하지 못한다면 결과적으로 그 공은 내 것이 될 수가 없다. 그 일을 진척시킨 것도 '나'지만 그 일을 끝내지 못한 것도 '나'이기 때문이다.

갓 태어난 아기가 우는 것도 스스로 우는 것이다. 삶을 마치면서 마지막 운명을 하는 것도 스스로 하는 것이다. 아무리 안타까워도 그것을 대신해줄 수는 없다. 세상은 그렇게 혼자 왔다 혼자 돌아가는 길이다. 때로는 누군가의 도움을 받기도 하겠지만 그럼에도 결국 마지막 고비에서는 혼자 결정하고 혼자 고심하며 외로운 도전을 하게 되는 것이 인생이다. 그리고 오직 나 스스로가 책임지고 가야 할 인생길에서 그 무엇보다 중요한 것이 바로 건강인 것이다.

君子務本
本立而道生

유자가 말했다.
군자는 근본에 힘쓴다.
근본이 서야 길이 생긴다.

군 자 무 본   **논어** 학이편 제2장
본 립 이 도 생

子曰 "근본에 힘써야 한다. 근본이 서야 길이 생긴다."

유자는 이 구절 앞에 다음과 같은 말을 했다. 기위인야효제 이호범상자 선의(其爲人也孝弟 而好犯上者 鮮矣), 즉 그 사람됨이 효성스럽고 공손하면서도 윗사람 범하기를 좋아하는 사람은 드물다. 불호범상 이호작난자 미지유야(不好犯上 而好作亂者 未之有也), 즉 윗사람 범하기를 좋아하지 않으면서 분란을 일으키는 사람은 없다. 이한우의《논어로 논어를 풀다》에서 저자는 이 구절을 다음과 같이 풀었다. '국가의 최고 지도자는 사람을 쓰면서 누가 배신을 하지 않고 반란을 일으키지 않을 것인가를 알고자 온갖 노력을 다한다. 사람을 제대로 쓰려면(用人) 그 사람을 알아야 한다. 그래서 우선은 그 사람이 해당 조직이나 분야에서 윗사람을 함부로 범하는 사람인지 아닌지 살피는 것이 중요하다. 그런데 그 사람이 윗사람을 함부로 범할지 아닐지는 결국 그가 일상생활에서 부모에게 효도를 다하고 형이나 연장자들에게 공손한지를 눈여겨볼 때 어느 정도 미리 알 수 있다.'

論 주는 만큼 일한다 VS 일한 만큼 받는다

군자는 근본에 힘써야 한다는 말을 직장인에게 한번 대입해 보자. 직장인에게 근본이란 무엇일까. 그것은 바로 현재 자기에게 주어진 업무이다. 세스 고딘(Seth Godin)은 '주는 만큼 일한다는 태도는 직장인 스스로를 싸구려로 만들었다.'고 했지만 주는 만큼 일한다는 것은 그야말로 프로의 자세다. 프로는 능히 그렇게 협상을 할 수 있고 또 해야만 한다. 미국 LA 다저스로 스카웃되어 간 국내의 유명 투수는 계약 마지막 1분을 남겨두고 600만 불을 더 얻어내는 프로의 모습을 보였다. 그는 받은 만큼 그 팀에 기여할 수 있는 실력을 가지고 있었기에 그같은 협상이 가능했던 것이다.

하지만 입사 1, 2년차가 주는 만큼 일한다는 생각으로 일을 한다면 그것은 정말 스스로를 싸구려로 만드는 지름길로 들어선 것이나 다름없다. 입사한 지 1, 2년도 채 안 되어 어렵게 들어갔던 회사를 뛰쳐나오는 것도 그렇다. 물론 회사를 나온 다음 두 번째 회사나 직업을 잡아 꾸준하게 일을 한다면 별 문제가 아닐 수도 있다. 하지만 그렇게 뛰쳐나온 조기 전직자들 대부분은 두 번째 회사에서도 세 번째 회사에서도 그리 오래 버티질 못한다. 그렇게 되면 같은 시기에 입사했던 동기가 회사에서 과장 직급이 되는 7, 8년 정도의 경력자가 될 때 전직을 한 사람은 네 번 혹은 다섯 번의 전직꼬리표를 달게 된다. 결국 업무의 연속성은 물론 업무의 전문성도 스스로 보장을 못하게 된다.

주는 만큼 일한다는 프로의 자세를 얻고 싶으면 먼저 일한 만큼 받는다는 자세가 필요하다. 변변한 실적을 내지 못하는 신입사원들에게 한 달에 200, 300만 원씩 월급을 주는 사장 입장에서 본다면 그것은 일한 만큼 주는 것이 아니라 일할 만큼을 미리 생각해서 주는 것이 된다. 경력 3년 이하의 신입사원은 사실 업무를 배우는 학생과 다를 바가 없는 것이다. 그러므로 주는 만큼 일한다고 당당히 말하려면 그만큼 실력을 키우는 수밖에 없다.

📓 직장인에게는 내 업무가 나의 본(本)이다

오랜 취업준비를 거쳐 원하던 기업에 합격하여 직장인이 되었다는 것은 적어도 최소 10년 정도는 직장인으로 살아가겠다는 뜻이고 가능하다면 정년 때까지 다니고 싶은 마음이 있을 것이다. 이처럼 오랫동안 고용불안 없이 직장생활을 이어가기 위해선 두 가지 조건이 맞아야 한다. 첫째는 자신의 상황이고 두 번째는 외부 환경의 변화에 어떻게 대처를 하느냐이다. 이 두 가지 문제에 대한 모범답안의 단초는 군자무본(君子務本)에 있다. 직장인에게 근본은 누가 뭐래도 일이다. 담당 업무인 것이다. 직장인에게 일은 곧 나 자신이다. 우연한 인연으로 직장생활을 시작했던 철저한 준비와 계획에 따라 시작했던 일단 자신에게 맡겨진 일은 바로 자신을 보여주는 척도가 된다. 의도하지 않은 일을 우연히 맡게 된다 해도 그것이 나의 일이 되는 순간 일은 나와 동일시된다.

미국 스텐포드대학교의 크롬볼츠 교육심리학 교수는 그의 계획된 우연성의 이론에서 '계획된 성공은 전체 성공의 20%밖에 되지 않는다.'고 했다. 나머지 80%는 우연히 만난 사람 혹은 우연히 겪은 일을 통해 성공한다는 것이다. 이 계획된 우연성의 이론에서 그는 다섯 가지의 중요 포인트를 제시했는데 호기심, 끈기, 유연성, 낙관성, 위험감수 등이었다. 다시 말해 계획된 우연성이란 단지 우연한 만남, 수동적인 기다림이 아닌 더 많은 경험을 위해 적극적으로 의도하고 계획적으로 행동하는 사람을 의미한다고 볼 수 있다. 우연이든 필연이든 직장인의 길로 들어섰다면 본(本)이 정해진다. 중요한 것은 그것을 어떻게 인식하고 어떻게 받아들여 얼마만큼 열심히 하느냐(務)에 달려 있는 것이다.

論語 지금 자신 앞에 놓인 일을 사랑하는 것이 먼저다

업무가 본(本)이라고 할 때 그 일로 끝장을 보겠다는 각오가 필요하다. 그것이 자신이 원했던 일이 아니라거나 그 일이 자신과 맞지 않다거나 하는 이런저런 이유를 들어 전직을 하면 나아지겠지, 이직을 하면 숨통이 트이겠지 하는 생각은 대체로 빗나가기 마련이다. 달콤하지만 먹어서는 안 되는 독초 같은 것이다. 물론 이직을 하고 처음 얼마간은 달콤할지도 모른다. 하지만 그 달콤함은 대개 일 년을 넘지 못한다. 전직을 하고 나면 처음 한 달은 높아진 연봉에 마음이 부풀지도 모른다. 하지만 높아진 연봉만큼 자신이 치러내야 할

대가가 반드시 있는 것이다. 세상에는 그 대가를 치르지 않고도 높은 연봉을 받을 수 있는 직장이란 없다. 그러니 채 일 년도 안 되어 전 직장이 그리워지는 것이다.

일본의 살아 있는 경영의 신으로 존경받는 이나모리 가즈오는 《왜 일하는가》라는 그의 책에서 이렇게 적고 있다. '어떻게 해도 지금 하는 일 이외에 다른 방법이 없다면 지금 하는 일에 정성을 들이고 그 일을 누구보다 사랑하자. 지금 내가 하는 일은 먹고 살기 위해서가 아니라 인격을 수양하기 위해서다. 왜 일하는지 일을 통해 무엇을 얻을 수 있는지 깨닫고 일에 집중하자 일이 술술 풀리기 시작했고 생각지도 못한 결과가 나왔다. 자기가 좋아하는 일을 추구하기보다는 자기에게 주어진 일을 좋아하는 것부터 시작하라. 자기가 좋아하는 일을 찾아다니는 것은 유토피아를 찾아다니는 것과 같다. 그 유토피아를 현실에서 이루고 싶다면 지금 자신 앞에 놓인 일을 먼저 사랑하라.'

군자무본(君子務本)은 세스 고딘의 말처럼 일(JOB)을 작업(WORK)으로 한 단계 승화시키는 열쇠라 할 수 있다. 예술은 작업(WORK)을 하는 것이고, 일은 업무(JOB)를 하는 것이다. 누군가가 시키는 대로만 한다면 그것은 일이다. 정시에 출근하고, 지침을 따르고, 감독을 받는 것은 일이다. 하지만 예술을 하는 과정을 일이 아니라 작업이라 칭하듯 누군가의 지시가 아니라 스스로 원해서 자발적으로 일을 한다면 그것은 예술 작업과 마찬가지이다. 그리고 누구나 마음만 먹으면 일을 작업으로 바꿀 수 있다. 작업은 마음과 영혼으로 하는 것이다. 예술가는 그 작업에 대한 새로운 해답, 새로운 관계, 새로운 방법을 찾아내는 사람이다. 지금 자신에게 주어진 업무를 일이 아니라 작업으로 한다면 그는 이미 군자무본에 성공한 직장인이다.

先行其言
而後從之

제자인 자공이 군자에 대해서 묻자 공자가 답했다.

말하려고 하는 것을 먼저 행하고,

그 행함을 바탕으로 말을 하는 사람이다.

선 행 기 언 　 **논어** 위정편 제13장

이 후 종 지

子曰 **"말을 앞세우지 말고 먼저 실천을 하라. 그 후에 실행을 바탕으로 말하라."**

자공(子貢)은 유능한 사업가로 공자학단의 재정적 지원을 했으며 언변 또한 좋았다. 그런 자공이 공자에게 군자의 길에 대해서 묻자 공자는 말보다 먼저 실천을 하라고 답한 것이다. 선행기언(先行其言) 이후종지(而後從之)는 언행일치를 강조한 말이다. 논어 〈이인편(里仁篇)〉에는 욕눌어언 이민어행(欲訥於言 而敏於行), 즉 말은 어눌할지라도 행동은 민첩하게 해야 한다는 비슷한 의미의 어구가 등장한다. 유교에서 인(仁)을 실천하는 수단의 하나로 언행일치를 강조한 것이다. 말보다 행동을 강조하고 실천이 없는 말을 경계하면서 말과 행동의 우선순위를 분명히 하고 있다. 말을 앞세우다 보면 실천이 어렵다는 것이니 말보다는 실천을 먼저 해야 실수가 줄어든다는 것이다.

論語 빈말은 권위를 잃게 한다

말을 하고 행동하는 것이 아니라 행동으로 실천한 다음 그 결과를 가지고 말을 하라는 것이다. 공자는 군자가 가장 먼저 가져야 할 자세 중의 하나로 선행기언(先行其言)을 꼽았다. 그만큼 언행일치가 쉽지 않다는 것의 반증이기도 하다.

언행일치는 조직이나 사회, 국가를 이끌어가는 리더의 핵심가치이다. 하지만 사회를 이끌어가는 정치가들의 언행일치를 믿는 서민들은 이미 없다. 선생님들의 언행일치를 믿는 학생들도 찾아보기 어렵고, 사장의 언행일치를 기대하는 직장인도 드물다. 제품의 광고일치(廣告一致)를 믿는 순진한 소비자 역시 없다. 이처럼 세상은 언행일치에서 점점 멀어지고 있다.

비슷한 의미로 논어 〈학이편〉에 민어사 신어언(敏於事 愼於言), 즉 '일에는 민첩하되 말에는 삼가라'는 말이 나온다. 말이 많으면 실천력은 떨어질 수밖에 없다. 특히 지위가 높을수록 말에는 위엄이 있어야 하는데 빈말은 권위를 잃게 하기 십상이다. 조직을 이끌어가는 리더에게 필요한 것은 말보다는 실천이기 때문이다. 리더의 말이 조직 전체에 미치는 영향력으로 인해 실언을 하면 그 파장이 너무 커지기 때문이다.

부하사원들은 상사의 지식을 보는 것이 아니라 상사의 언행일치에서 가르침을 받는다. 실천을 했는지 아닌지에 따라 평가한다. 상사가 아무리 그럴듯한 말을 했다고 해도 그가 먼저 자신의 말대로 하지 않는다면 누구도 그 말을 그대로 듣지 않는다. 직장동료나 후배들과의 관계에서도 언행일치는 역시 중요하다. 책임지지 못할 말을 하는 사람을 신뢰하는 동료나 후배는 없다.

사람은 흔히 자신의 '생각'을 의도적으로 꾸미는 것에는 별 죄의식을 느끼지 않지만 자신이 한 '행동'에 대해서 거짓을 말하는 것에 대해서는 상당한 죄의식을 느낀다고 한다. 통상 면접을 할 때 면접관들이 지원자의 역량이나 실력을 파악하고자 할 경우 그의 생각을 묻지 않고 그의 행동의 결과에 대해서 질문을 하는 것도 바로 이런 이유에서다. 지원자의 생각이나 각오보다는 과거 행동의 결과를 묻는 것이 그를 정확하게 판단하는 데 훨씬 더 도움이 되기 때문이다. 말은 흐르는 물처럼 청산유수이면서도 행동으로 남긴 실적이 없다면 빈 수레가 내는 요란한 소리와 다를 바가 없기 때문이다. 그러므로 면접에서 최종 선택을 당하기 위한 가장 중요한 조건은 말이 아니라 행동으로 만들어낸 실력이라는 사실을 잊어서는 안 된다.

📖 자기 자신에게도 선행기언을 실천하라

타인에게 선행기언을 실천하는 것도 참으로 중요한 일이지만 선행기언은 자기 자신과의 약속이라는 측면에서도 매우 중요하다. 하지만 스스로에게 선행기언을 실천하는 데 가장 큰 걸림돌이 되는 것이 바로 작심삼일일 것이다.

미국 펜실베이니아 스크랜턴대학교의 연구에 따르면 미국인의 40%가 새해 목표를 세우지만 8%만이 그 목표를 달성하는 것으로 나타났다. 100명 중 3.2명만이 목표를 달성했다는 말이다. 이는 목표를 종이에 쓴 3%만이 자신이 세운 목표를 이루었다는 하버드대학교의 예전 연구 결과와 일맥상통한다. 이는 결국 100명 중 단 3명만이 작심삼일을 이겨내고 선행기언을 할 수 있다는 말과 같다.

해가 바뀌는 연말이 되면 사람들은 후회를 한다. 자신과의 약속이든 남과의 약속이든 말만 앞세우고 지키지 못한 수많은 약속들을 돌이켜보며 스스로에게 아쉬움을 느끼곤 한다. 작은 것 하나라도 깨끗하게 매듭지은 것이 없음에 반성을 하게 된다.

왜 그럴까? 새해를 맞아 굳은 결심을 하고 작정을 하지만 연말이 되면 결국 단 3%만이 목표를 이루게 되는 근본적인 이유는 무엇일까? 미국의 경제 전문지 『포브스』는 무리한 계획을 수립하는 것을 가장 큰 실패의 원인으로 꼽으면서, 짧은 시간에 너무 무리한 목표를 세운다든지 지나치게 획기적인 변화를 시도하는 것 등을 문제점으로 지적했다. 지나치게 큰 목표는 심리적 부담으로 다가오기 때문에 자신이 충분히 실천할 수 있는 간단한 목표를 세우는 것이 더 효과적이라는 것이다. 거대한 목표를 세우기만 하고 실천하지 못하는 것보다는 사소한 생활습관을 바꾸는 등의 작은 변화를 지속적으로 실천하는 것이 오히려 더 중요하다는 것이다. 간단한 예로 살을 빼겠다는 목표를 달성하기는 어려워도 앞으로 5주 동안 감자칩과 아이스크림은 먹지 않겠다고 마음먹는 것이 낫다는 것이다.

성공하고 싶으면 1시간만 일찍 일어나라는 말이 있다. 7시에 일어났다면 6

시에 일어나고 8시에 일어났다면 7시에 일어나라는 것이다.

하루 이틀은 누구나 일찍 일어날 수 있다. 문제는 삼 일째 되는 날이다. 드디어 마의 작심삼일이 온다. 다행히 이 3일의 고비를 무사히 잘 극복하고 4일, 5일, 6일을 지나 7일 연속 약속을 지켰다면 대단한 일을 한 것이다. 습관을 이기고 있는 중이기 때문이다. 자신의 의지를 통해 습관을 바꾼다는 것은 100명 중 3명에게나 가능한 일이기 때문이다. 그렇게 2주, 3주를 정말 하루도 빠트리지 않고 약속을 지켰다면 그것은 위험지대를 벗어났다는 신호다. 3주 일찍 일어났다는 사실이 중요한 것이 아니라 스스로 자신과의 약속을 지켜내겠다는 의지를 보인 것이기 때문이다. 작지만 습관 하나를 변화시켰다는 것은 중요한 의미를 갖는다. 자신을 이겼다는 것이기 때문에 스스로에게 칭찬과 격려를 해줄 만하다.

만약 누군가가 행동이나 실적보다 말이 늘 앞섰다면 최소한 작심삼일을 7번 정도는 이겨내는 경험을 해보라고 권하고 싶다. 그것이 바로 자신감의 시작이다. 세상의 그 어떤 일도 그 자신감 하나면 시작할 수 있다. 그는 작심삼일을 7번이나 이겨낸 대단한 능력을 갖게 된 사람인 것이다. 선행기언을 실천한 세상의 단 3%의 사람들만이 누릴 수 있는 영광을 누리게 되는 것이다.

君子不器

공자가 말했다.
군자는 그릇이 아니다.

군 자 불 기 ┃ **논어** 위정편 제12장

子曰 **"군자는 쓰임새가 한정된 그릇이 아니다."**

살면서 누구에게나 몇 번의 기회가 있다고는 하는데 그 기회가 나만 자꾸 피해간다고 생각할 때가 있다. 다른 사람들은 그 귀한 찬스를 잘도 잡는데 유독 나만 피해간다고 느낄 때가 있다. 혹시 정말 그렇다면 논어의 다음 어구를 유심히 살펴볼 필요가 있다.

군자는 그릇이 아니다. 리더는 그릇이 아니다. 군자는 그 쓰임새가 한정된 그릇과 같은 사람이 아니라고 한다. 리더는 그 쓰임새가 정해져있는 그릇과 같은 사람이 아니라고 한다. 군자는 변화를 추구하는 사람, 리더는 변화를 주도하는 사람을 말한다. .

論語 군자불기(君子不器)

삼년 전의 모습과 지금의 모습이 같다면 그 사람은 군자가 아니라는 말이다. 일 년 전의 모습과 지금의 모습이 동일하다면 그 사람은 리더가 아니라는 말이다. 일 년, 삼년 동안 동일한 업무를 계속 한다고 해도 무엇인가 개선 시켰다든지 혹은 무엇인가 긍정적인 변화를 시도하여 좋은 결과를 만들어 내려고 노력하는 사람이 바로 군자라는 말이다.

처음엔 다 서툴고 어렵지만 그 자기만의 틀을 깨고 나오라는 메시지이다. 오늘도 그냥 어제처럼 그렇게 살아가는 것은 내일을 보장하기 어렵다. 자기를 속박하는 그 답답한 그릇을 깨고 한발 더 나와 보라는 것이다. 군자는 그 쓰임새가 고정된 사람이 아니라, 변화하고 발전하려 노력하는 그런 리더라는 말이다.

그릇 기(器)자를 자세히 보면 그릇처럼 생긴 네모가 네 개가 들어있다. 마치 인생을 살면서 네 개의 서로 다른 그릇을 만들어보라는 의미로 보이기도 한다. 그럼 우리 인생의 첫 번째 그릇은 언제 만들어질까? 태어나서 25세까지 인생의 첫 번째 그릇이 만들어진다. 여러 조건이 잘 맞아 25세쯤에 이미 훌륭한 그릇이 되는 경우도 가끔 있다. 우리 사회에 이런 사람들이 드물기는 하지만 아주 없지는 않다.

인생의 두 번째 그릇은 언제 만들어 질까? 26세에서 50세까지 인생의 두 번째 그릇이 만들어 진다. 대학이 어디든, 전공이 무엇이든, 부자 부모를 두었건 가난한 부모를 두었건, 잘생겼건 못생겼건, 남자건 여자건, 그 어떤 조건이든지간에 이십대 중후반 일을 시작하여 50세까지 약 이삼십년 꾸준히 노력을 하면 자기만의 두 번째 그릇을 만들게 된다. 우리 사회에는 그런 사람들이 아주 많다.

세 번째 그릇은 언제 만들어질까? 51세에서 75세까지 인생의 세 번째 그릇이 만들어 진다.

인생전반을 마치고 인생 3라운드에 자기만의 멋진 그릇을 만드는 시니어들. 인생전반이 마음에 들거나 들지 않거나 상관없이 세 번째 그릇 만들기는 누구에게나 가능하다. 솔직히 인생 전반을 흡족하게 살아온 사람이 우리 주위에 얼마나 될까? 어떻게 하다 보니 그 학교에 가서 그 전공을 공부하게 된 것이고, 어찌하다보니 그 직장에 들어가 그 직업을 갖게 된 것이다. 그렇게 된 인생전반이 마음에 들면 인생후반도 계속 그렇게 살면 되고 그렇게 된 인생전반이 마음에 들지 않으면 인생 3라운드에는 새로운 그릇 만들기에 도전을 해 봐야 한다.

언제까지 남의 탓만 할 수는 없는 일이기 때문이다. 50년을 살아보고도 인생후반에 남을 탓한다면 그것은 정말 직무유기 일지도 모른다. 50년 인생전반은 몰라서 그랬다고 해도, 인생후반 50년은 몰라서 그랬다고 할 수 없는 일이다. 지난 50년을 뭔가에 속아 살았다 생각한다면 인생다운 인생을 인생후반에는 한번 살아봐야 하지 않을까? 3라운드에 비록 작은 그릇이 만들어진다 해도 그 그릇이 자신에게 간절한 것이라면, 소중한 것이라면, 정말 원하는 것이라면, 세 번째 그릇을 만드는 시간은 행복한 시간이 되고, 세 번째 그릇을 만드는 공간은 행복한 공간이 되고, 세 번째 그릇을 만드는 나는 행복한 내가 될 것이다.

인생의 네 번째 그릇은 언제 만들어질까? 76세에서 100세까지 인생의 네 번째 그릇이 만들어 진다. 2035년이 되면 사람의 평균수명이 100세가 된다고 한다. 100세가 사는 것이 어떤 이에게는 부담이 될지도 모르지만 어떤 이에게는 네 번째 인생의 그릇을 만드는 기회가 될 수도 있다.

論語 변화는 맨(MEN)정신으로 하라

군자불기(君子不器)는 변화를 말하고 있다. 어떤 이는 변화가 쉽다하고, 어떤 이는 힘들다고 말한다. 변화는 어떤 정신으로 해야 잘 될까? 그 간단한 답은 맨(MEN)정신, 생생한 정신에 있다. 즉 변화는 M E N 이 세 가지 키워드만 따라하면 가능해진다.

첫 번째 M = Me를 의미 한다. 변화는 나부터 시작해야한다. 나부터 변화가 되어야 We 우리가 변화된다. 그런데 사람들은 보통 반대로 생각한다. 팀원이 먼저 변해야 팀이 변한다고 생각하지만 그건 아니다. 팀장이 먼저 솔선수범 변화를 해나가야 비로소 팀원들이 하나 둘 변화되고 결국엔 팀이 바뀌는 것이다. 아버지가 먼저 변해야 아들이 따라가고, 어머니가 먼저 변해야 딸이 따라가 가정이 바뀌게 된다. 사회를 이끄는 리더가 먼저 솔선수범을 보여줘야 시민들이 따라가면서 사회가 바뀌게 되는 것이다.

공자도 당시 위정자들에게 똑같은 말을 거침없이 했다. 노나라 Big3중 최고 지도자인 계강자가 정치에 대해서 묻자 공자가 말했다.
"정치는 바른 것입니다. 대부께서 바르다면 누가 감히 바르지 않겠습니까?"
季康子問政於孔子 孔子對曰 "政者正也 子帥以正 孰敢不正"
계강자문정어공자 공자대왈 "정자정야 자사이정 숙감불정" 〈안연(顏淵)〉

예나 지금이나 조금도 다르지 않다. 10명의 작은 조직을 끌고 가는 과장이나, 10만 명의 거대 조직을 끌고 가는 회장이나 한 가정을 끌고 가는 가장이나 나라를 끌고 가는 위정자나 잊어서는 안 될 한마디가 "너나 잘하세요."가 아닐까?

두 번째 E = Easy를 의미 한다. 변화는 쉬운 것부터 시작해야 한다. 천리 길도 한 걸음부터 이런 말이 왜 나왔을까? 세상에 한방은 없다. 세상에 한 번에 되는 것은 거의 없다. 쉬운 것부터 시작해야 한다.

리더라면 다음의 9가지를 생각해봐야 한다.
孔子曰 君子有九思
공자왈 군자유구사

視思明, 聽思聰, 色思溫, 貌思恭, 言思忠, 事思敬, 疑思問, 忿思難, 見得思義.
시사명, 청사총, 색사온, 모사공, 언사충, 사사경, 의사문, 분사난, 견득사의.

리더라면, 군자라면 다음의 아홉 가지 생각을 늘 가지고 있어야 한다.

볼 때는 명을 생각하라. 분명하게 보고, 명확하게 보고 긍정적으로 봐야한다.

들을 때는 똑똑함을 생각하라. 총명하게 듣고, 생각해가면서 듣고 역지사지로 들어야한다.

얼굴색은 온화함을 생각하라. 리더의 안색은 온화하고 다정하고 믿음직해야 한다.

모습은 공손함을 생각하라. 리더의 용모, 외모, 겉모습은 공손해야 겸손해야 한다.

말은 믿음직함을 생각하라. 리더의 말은 충직함, 믿음, 신의가 있어야 한다.

일에는 공경함을 생각하라. 나의 일은 공경 받아 마땅함을 생각해야 긍지가 커진다.

의심나는 것이 있으면 질문을 생각하라. 아랫사람에게 묻는 것을 부끄러워 하지마라.

화가 날 때는 어려움을 생각하라. 화를 낸 뒤에 더 어렵게 될 수 있음을 생각하라.

득을 보게 되면 그것이 옳고 의로운 것인지를 생각하라.

당신이 리더를 꿈꾸거나 리더라면, 저 아홉 가지 생각을 늘 가지고 있어야 한다. 군자의 나라를 꿈꾸었던 조선의 백성들에게 가르쳤던 아홉 가지의 기본자세, 수 백 년이 지난 지금도 여전히 필요한 리더들의 기본자세, 구사(九思) 아홉 가지 생각을 모두 실천하기는 어려운 일이다. 그러니 그중에 단 하나라도 쉽게 할 수 있는 것을 찾아 실천해 보는 것이 바로 변화의 시작이다.

세 번째 N = Now를 의미 한다. 변화의 3요소는 쉬운 것부터, 나부터, 지금 즉시 하는 것이다. 지금 즉시, 오늘 즉시 바로 시작하는 것, 이것이 바로 변화의 시작이다. 변화가 필요하다는 것은 알지만 도대체 무엇을 해야 할지, 생각조차 들지 않는 때가 있다. 생각은 있는데, 마음이 움직이지 않는 경우가 있다. 마음까지는 움직이는데, 몸이 따르질 않은 경우도 있다.

누구에게나 몇 번의 기회가 있다고는 하는데, 그 기회가 나를 자꾸 피해간다면 알버트 아인슈타인의 명언을 한번 떠올려볼 필요가 있다.

같은 것을 계속 반복하면서, 다른 결과를 기대하는 것은 정신병의 초기증세이다.
Insanity : Doing the same thing over and over again and expecting different results.

작년하고 같은 생각, 어제와 같은 행동으로 오늘을 살아가면서 내일은 무엇인가 다른 좋은 결과를 기대하는 것은 제정신이 아니라는 말이다. 변화하지 않고 기회를 얻는다는 것은 말이 안 된다는 말이다. 찬스를 만들려면 먼저 변화를 시작하라는 말이다. 그러니 바로보아도 돌려 보아도 기회 Chance = 변화 Change 같은 말인 것 같다.

論語 변화에 유연한 직장인만이 살아남는다

직장인 역시 이미 그 모양이 정해진 그릇과 같이 한 가지 모양으로 살아가기가 힘든 사람들이다. 늘 같은 모습으로 3년 전이나 3년 후나 발전의 변화가 없다면 그에게 다음 3년을 보장해 주는 회사는 거의 없다. 변화를 거부하는 직장인은 오래가지 못한다. 불기(不器), 즉 변화에 유연한 직장인만이 살아남을 수 있는 곳이 바로 직장이라는 곳이다.

직장인으로 후회 없는 커리어를 만들어가기 위해서는 최소한 다음의 세 가지 항목을 고려해야 한다. 업무능력 개발, 리더십 개발, 경력 개발이 그것이다. 먼저 조직의 목표달성을 위한 업무 수행능력의 발전적인 변화가 필요하다. 직장에서 으뜸은 일 잘하는 사람이기 때문이다. 두 번째는 사람들과의 관계가 좋아야 한다. 이 관계의 힘이 일을 더 잘하게 만드는 핵심 중의 핵심이다. 인간관계의 기본은 리더십에 달려 있기 때문에 직장인은 상하좌우를 막론하고 누구나 리더십의 발전적인 변화가 필요하다. 마지막으로 100세 인생 시대의 커리어는 한 번에 끝나지 않는다. 최소 두 번의 단계를 거쳐야 한다. 25세에서 50세까지 이어지는 전반전 그리고 약간의 하프타임과 함께 다시 시작하는 후반전인 50에서 75세까지 25년이 그것이다. 필수가 되어버린 인생 전반에 걸친 커리어의 발전적인 변화를 고려하지 않는다면 문제가 심각해질 것이다.

論語 3년이면 변화 포인트를 만들어야 한다

따라가고 끌려가는 것이 회사일이라고 생각하는 직장인들이 많다. 원래 조직의 일이란 너무 나대지도 말고 너무 뒤처지지도 말아야 장수를 한다고 생각한다. 물론 신입사원 때부터 그런 마인드를 가지는 건 아니지만 경력이 늘고 환경에 적응하다 보면 다분히 그렇게 변하기 마련이다.

부장의 실적은 과장의 목표가 되고 과장의 실적은 사원의 업무 목표가 된다. 회사 목표는 팀 목표로 나뉘고 팀 목표는 개인의 업무 목표로 세분화된다. 결국 목표란 주어지는 것이다. 할당된 목표를 얼마만큼 달성하는가에 따라 회사의 경영도 개인의 운명도 좌지우지된다. 목표를 스스로 잡는 직장인은 거의 없다. 그저 주어진 목표를 달성하는 방식이 회사의 시스템인 것이다. 그러니 이런 환경의 조직에서 목표를 스스로 세우는 능력을 키우기란 결코 쉽지 않은 일이다. 하지만 한편으로 생각해 보면 어떻게 하든 주어진 목표를 달성하면서 스스로의 역량을 키우기에 회사만큼 좋은 곳도 없다. 업무에도 끝없는 변화를 적용해야 한다. 작년에 썼던 방법을 올해도 그대로 적용해서는 현상 유지도 어렵다. 환경이 변하고 경쟁자도 변하고 있는데 나만 변화가 없다면 그것은 퇴보나 다름이 없는 것이다.

어떤 업무든 3년 정도만 눈치 있게 진행하다 보면 몰라서 그 일을 못하는 경우는 거의 없다. 그 뒤부터는 적당히 해도 중간은 가고 시간도 간다. 3년이 넘었는데 업무진행 방법이나 기술에 효과적인 변화가 없다면 그건 업무를 그냥 일처럼 한 것이다. 전임자도 그렇고 나도 그렇게 업무를 했다면 아마도 후임자에게 물려줄 자리가 없어질지도 모른다.

직장생활에서 적어도 3년이 지났다면 분명한 변화 포인트를 만들어내야 한다. 개선 포인트를 찾아내야 한다. 수율을 올려야 한다. 위에서 내려주는 목표 달성에 급급해서는 안 된다. 업무를 개선해야 거기서 작은 희망을 보게 된다. 직장인 커리어의 전환 포인트는 그 작은 희망으로부터 시작되는 경우가 많기 때문이다.

論 변화가 리더십을 이끈다

리더십이 꼭 나이에 비례하는 것은 아니다. 만약 나이에 비례하는 것이라면 과장의 리더십은 항상 대리의 리더십보다 나아야 한다. 임원의 리더십이 부장의 리더십을 항상 압도해야 한다. 하지만 실상은 그렇지 않은 경우가 비일비재하다. 리더십은 또한 조직의 크기에 비례하는 것도 아니다. 두 명이 조직을 구성해도 거기엔 리더십이 필요하다. 꼭 10명, 100명으로 구성된 큰 조직에서만 리더십이 필요한 것은 아니다. 리더가 없는 조직에서 배가 산으로 간다는 말은 조직의 크기와는 상관이 없다.

리더십은 전략이고 전략에는 지식과 지혜가 필요하다. 나이가 많다고, 조직이 크다고 리더십이 더 커지는 것이 아니라 리더가 적절한 지식과 지혜가 있는가가 문제인 것이다. 흐르지 않는 물처럼 고여 있는 사람에게서 훌륭한 리더십이 나오기란 쉽지 않다. 변화를 모르는 사람에게서 조직을 이끌어나가는 리더십을 기대하기란 어렵다. 변화 없이 경직된 상태에서 리더십은 발휘되지 않는다. 진정한 리더십은 새로운 것을 받아들이고 새로운 것을 만들어가는 수용적인 상태에서 만들어진다.

직장 내의 인간관계는 리더십에 의해 결정이 된다고 해도 과언이 아니다. 상하 간의 인간관계는 상사의 리더십에 달려 있으며 동료 간의 인간관계는 상대방의 리더십에 달려 있다. 팀의 분위기는 팀장의 리더십에 달려 있고 회사의 승패는 사장의 리더십에 달려 있다.

이처럼 리더십은 상호간의 관계를 떠나 조직의 생사와 직접적인 상관관계가 있는 것이다. 그러므로 리더십에서 성공하는 사람이 승자가 되는 것은 당연한 결과이다. 단 둘이 모인 조직이라도 리더십이 뛰어난 사람이 리더가 되며, 10명이 모인 과에서는 과장이 되고 20명이 모인 팀에서는 결국 팀장이 된다. 리더십은 불기(不器)다. 스스로 변화의 바람이 불어야 리더십이라는 바람개비가 돈다. 조직에 맞게 상대에 맞게 적절히 변화된 리더십만이 오랫동안 살아남는다. 그 리더십이 개인을 살리고 조직을 살리고 경력을 살리는 핵심이 된다.

경력개발 설계도를 만들어라

경력 개발에도 군자불기(君子不器) 정신이 필요하다. 조직 속에서 업무를 수행해 가면서 자신의 경력을 개발시켜 나가야 하는 직장인에게 경력의 방향성은 그 무엇보다도 중요한 기준점이 된다. 회사에서의 경력 개발은 조직과 개인이 함께 만들어가야 하는 조화로운 인사 시

스템의 하나이다. 경력 개발이 잘 되면 회사나 개인 모두에게 이익이 되지만 경력 개발에 문제가 생기면 회사나 개인 모두가 피해를 입게 된다.

회사는 인사 시스템으로 조직원의 경력 개발을 돕는다. 적절한 승격제도나 부서배치, 업무조정, 교육지원 등을 통해서 시스템적으로 사원의 경력 개발을 돕고 있는 것이다. 경력 개발의 다른 한 축은 조직원 개인들에게 있다. 개인이 해야 할 중요한 것 중의 하나가 경력을 위한 계획을 세우는 일이다. 입사 후 퇴직 때까지 어떻게 자신의 경력을 만들어갈 것인지에 대한 전체적인 설계도를 가지고 있어야 군자불기(君子不器)가 가능하다. 입사 후 2년이 지나면 주임, 다시 2년이 지나면 대리, 대리 후 4년이 지나면 과장, 과장 다음엔 부장 하는 식의 설계도라면 그것은 반쪽짜리 설계도밖에 안 된다. 입사 후 2년이 지나서 주임이 될 때까지 무엇을 더 배워야 하며 대리가 되었을 때는 어떤 전문가가 되어 있어야 하는지, 드디어 과장이 되었을 때는 어떤 실력과 역량을 갖춘 과장이 되어 있을 것인가에 대한 설계도를 가지고 있어야 한다. 그렇지 않으면 주임 실력의 대리가 될 공산이 크고 대리 실력의 과장이 될 가능성이 높다.

변화에는 전략이 필요하다. 최소한 두 수 앞을 내다볼 수 있는 전략을 세워야 한다. 목표가 없는데 스스로 찾아오는 변화는 없다. 궁함을 느끼지 않는데 스스로 변화를 시도하는 사람은 찾아보기 어렵다. 그러니 스스로 궁함을 만들

필요가 있다. 그 궁함을 만드는 것이 목표를 설정하고 경력 개발 설계도를 먼저 만들어보는 것이다. 언제까지 무엇을 나의 강점으로 만들어놓을 것인가? 언제까지 무엇을 나의 브랜드로 만들 것인가? 그것을 정하는 것이 군자불기(君子不器)의 시작이 된다.

無友不如己者
過則勿憚改

공자가 말했다.

나보다 못한 친구는 없다.

혹은 나보다 덕행이 부족한 사람과는 벗으로삼지 말아야 한다.

잘못을 했으면 즉시 고쳐야 한다.

무 우 불 여 기 자   **논어** 학이편 제8장

과 즉 물 탄 개

子曰 **"세상에 나보다 못한 친구는 없다는 생각으로 잘못을 했으면 즉시 고쳐야 한다."**

자왈 군자부중즉불위 학즉불고. 주충신 무우불여기자 과즉물탄개 (子曰 君子不重則不威 學則不固 忠信 無友不如己者 過則勿憚改) 공자는 군자의 수양에 관해 이렇게 말했다. "군자가 가벼우면 품위가 없고, 공부하지 않으면 고집에 빠지기 쉽다. 군자는 오직 성실함과 신뢰를 바탕으로 삼아야 한다. 세상에 나보다 못한 친구는 없다는 생각으로 잘못을 했으면 즉시 고쳐야 한다. 혹은 자신과 뜻하는 바가 다른 사람 혹은 덕행이 자신만 못한 사람을 벗으로 삼지 말아야 하고, 스스로 잘못이 있으면 기탄없이 고쳐야 한다.

論語 사람을 잘 분별하라

어느 정도 이상 규모가 되는 조직이나 기업에서 직원을 채용할 때 가장 신경을 쓰는 것 중의 하나가 조직문화나 기업문화에 적응하기가 어려운 사람, 즉 모난 돌을 골라내는 일이다. 각종 인성검사와 적성검사를 거치게 되는 것은 기본이고, 20대 후반의 응시자가 50대 면접관의 기준을 만족시켜야 합격이 가능할 만큼 그 잣대는 엄격하고 냉정하다.

이렇게 면접시험을 통과해 입사가 되었다 해도 매월 진행되는 월례조회를 비롯해 수많은 사내외 교육들이 진행되면서 모난 것까지는 아니더라도 정교하지 못한 각진 부분이 조금씩 부드럽게 갈리기 시작한다.

그들은 일 년 열두 달 거의 같은 시간에 같은 동료들과 같은 테이블에서 식사를 하고, 같은 회의실에서 커피를 마시고, 같이 일을 시작하고 같이 일을 마친 후 같이 퇴근을 한다. 그러다 보니 시간이 지날수록 그 기업의 속성에 맞춰 비슷한 색깔로 변해가게 된다. '삼성맨' '현대맨' 같은 구분이 생겨난 것도 모두 이런 속성 때문이다. 이처럼 같은 조직 내의 사람들은 조금씩 개인차가 있긴 하지만 대체로 크게 모나지 않게 조직문화에 젖어든다.

하지만 퇴직을 하고 회사 밖으로 나오면 상황은 달라진다. 회사 안에 있을 때는 우물 안 개구리처럼 주변 사람들이 모두 나와 비슷한 생각을 가지고 있기에 별 문제가 없지만 회사 밖에서는 완전히 다른 생각과 다른 가치관을 가진 사람들과 수없이 많이 맞닥뜨리게 되는 것이다.

퇴직 후 지인의 소개로 J씨를 만났다. 처음 만났을 때 그는 조용하고 공손하고 신사적이었다. 자신의 의견을 크게 내세우지도 않았고 상대의 말에 칭찬을 아끼지 않았다. 국내 최고의 명문대를 나와 대기업에서 마케팅 업무를 맡아 했고 퇴직 후 성공적으로 사업을 하고 있다는 그를 나는 참 멋진 사람이라고 생각했다. 이후 나는 그가 최소한 사기는 치지 않을 사람이라는 확신을 갖고 우리의 비즈니스에 동참을 시켰다.

그러나 한 달이 채 지나지 않아 우리는 그가 신용불량자라는 사실을 알게 되었다. 그뿐이 아니었다. 그는 자기 입으로 말했던 것처럼 명문대를 나온 사람도 아니었고 박사도 아니었다. 그는 조금만 시간이 지나면 금방 탄로 날 위험한 거짓말을 입에 달고 살았다. 게다가 조금이라도 자신의 비위를 건드리는 상대에게는 누가 보든 말든 원색적인 단어를 거침없이 쏟아냈다.

사람이 하는 부정적인 말은 호수에 던진 돌덩이가 만들어내는 동심원과도 같다. 동심원은 계속 커지면서 주변 사람들을 부정적으로 만든다. 상쾌한 마음으로 사무실을 들어서다가도 J씨가 다른 사람과 하는 부정적인 통화 내용을 듣다 보면 금방 우울해졌고 하루에도 몇 차례씩 이어지는 그의 통화 내용으로 인해 하루 전체가 불쾌함으로 몽땅 날아가곤 했다. 결국 우리는 어렵게 그와 헤어졌지만 그로 인해 마음속에 남은 상처는 그 후로도 오랫동안 쉽게 지워지지 않았다.

이처럼 사람을 잘 분별하여 가려 사귀지 못하고 덕이 부족한 사람을 가까이 하면 그 피해는 예상보다 훨씬 더 클 수가 있다. 당장 눈에 보이는 피해도 피해지만 그로 인해 마음속에 남아 있는 피해의식과 상처는 이후 사람을 사귈 때도 커다란 걸림돌로 작용한다는 사실을 잊지 말아야 한다.

論語 문제는 내 안에 있다

온라인 구직 사이트에 올라와 있는 수많은 이력서들을 보다 보면 예상보다 많은 직장인들이 이직이나 전직을 생각하고 있다는 것을 알 수 있다. 그런데 자세히 살펴보면 이런 사이트에 올라와 있는 이력서들에서 하나의 공통점을 찾을 수 있다. 거의 대부분의 사람들이 두 번 혹은 그 이상 이직 경험이 있다는 사실이다. 물론 이력서에는 그들이 또 다시 이직을 원하는 이유를 그럴듯하게 포장을 해놓았지만 행간을 읽다보면 그 진짜 이유를 어렵지 않게 알 수 있다.

업무가 자신과 맞지 않는다는 이유로 이직을 한 사람들은 다음 직장에서도 자신이 기대하는 그런 업무를 맡을 가능이 그리 크지 않다는 사실을 간과한다. 시간이 갈수록 이럴 거면 차라리 좀 힘이 들었어도 첫 번째 직장에 그냥 있을 걸 그랬다는 후회도 해보지만 다시 돌아갈 수는 없고 그러니 또 다른 직장을 찾아 이력서를 쓸 수밖에 없다. 연봉 문제를 드는 경우도 그렇다. 애초 이직을 할 때 연봉까지 낮춰서 왔지만 예상과는 달리 새 직장에서 낮아진 연봉을 감수할 만큼의 다른 이점을 발견하지 못한다면 역시나 후회를 할 수밖에 없다. 일의 강도는 마찬가지인데 연봉은 낮아져버린 현재의 직장에 만족할 수가 없으니 또다시 이력서를 쓰는 것이다.

인간관계에서 오는 어려움 때문에 이직을 하는 경우도 적지 않은데, 특히 자신을 힘들게 하는 상사를 피해갈 수 있는 길은 오직 회사를 옮기는 길밖에 없다고 생각하는 사람들이 이 경우에 해당한다. 사람이 밉거나 싫은 것은 정말 해결하기 어려운 일인 것만은 분명하다. 하지만 사람이 싫을 때마다 이직을 한다면 열 번을 이직을 한다 해도 성에 차지 않을 것이다. 열악한 근무 환경이 이직을 결심한 이유라고 말하는 직장인들의 경우도 생각해보자. 지방이라 다니기 어렵고, 집과 회사가 멀어서 출퇴근 시간이 너무 오래 걸리고, 기숙사가 없어서 불편하고, 제대로 된 휴식 공간조차 없는 삭막한 사업장이라 싫고 등등 수많은 이유를 들 수 있다. 그나마 그 회사가 비전이 있다면 모르지만 비전조차 없을 땐 이직 외엔 도리가 없다고 생각하는 것이다.

또 좋은 기업이라고 생각하고 옮겨가 보니 비전이 없는 회사여서 다시 이직을 결심했다는 직장인들도 의외로 많다. 비전 없는 회사에 다니는 것은 다니는 만큼 손해라는 이유에서다.

그렇다. 직장인들이 이직을 결심할 수밖에 없는 그 많은 이유들도 다 맞는 말이다. 하지만 조금만 더 생각을 해보면 원래 회사라는 곳이 그런 곳이다. 내가 원하는 일만 할 수 있는 그런 회사도 없고, 능력과 상관없이 내가 원하는 만큼의 연봉을 주는 그런 회사도 없다. 내 마음에 쏙 드는 좋은 상사란 원래 없는 것이고 내 마음에 딱 맞아떨어지는 그런 근무 환경도 만나기가 어려운 것이 바로 회사라는 곳이다. 비전도 마찬가지다. 아무리 비전이 있는 회사라 할지라도 내 스스로가 회사의 비전과 부합하는 비전을 만들어가지 않으면 아무 소용이 없는 것이고, 반대로 비전 없는 회사라도 내가 그 회사의 비전을 만들어가는 주역이 될 수도 있는 것이다.

그러니 한 번 이직을 하고 마음에 들지 않는다고 해서 바로 두 번째 이직을 생각한다면 설사 이직을 했다 하더라도 그곳이 자신이 찾던 직장인 경우는 극히 드물다는 사실을 알아야 한다. 중요한 것은 과즉물탄개(過則勿憚改), 즉 나에게 문제가 있으면 우선 그것부터 고쳐야 한다는 것이다. 회사에 문제가 있으니 옮겨야겠다는 생각에 앞서 내가 가진 문제점을 먼저 살피고 고치면 굳이 이직을 하지 않아도 현재의 회사에서 훨씬 더 큰 만족감을 얻을 수 있다는 말이다.

無欲速 無見小利
欲速則不達
見小利
則大事不成

공자가 말했다.

일을 함에 무작정 빨리 하려고 하지 말고

작은 이익을 보려고 하지 말아야 한다.

빨리 하려고 하면 달성하지 못하고

작은 이익을 보려 하면 큰일을 이루지 못한다.

무 욕 속 무 견 소 리

욕 속 즉 부 달

견 소 리

즉 대 사 불 성

논어 자로편 제17장

子曰 **"일을 무작정 빨리 하려 하지 말고, 작은 이익을 보려고도 하지 말라. 빨리 하려**
고 하면 달성하지 못하고 작은 이익을 구하면 큰일을 이루지 못한다."

공자의 10대 제자였던 자하(子夏)가 노나라 거보라는 지역의 관료가 되어 정치를 어떻게 해
야 하는지 묻자 공자가 대답한 말이다. 리더가 속도만 생각해서는 일을 그르칠 수 있고 개인
적인 이득이나 소소한 이익을 보려 하면 큰 기회를 놓치게 된다. 개인의 경우도 마찬가지다.
'빨리빨리'만을 외치다 방향을 놓치게 되면 빨리 한 만큼 손해가 되는 경우가 많다. 눈앞의 이
익만 생각하다 보면 인생을 걸고 한번 해보아야 하는 인생의 대업을 놓치게 된다.

論語 막상 퇴직을 하고 나면
왜 그렇게 마음이 조급해질까

어느 직장이건 업무 속도를 강조하지 않는 곳은 없다. 업무 처리의 정확성
과 함께 조금이라도 일정을 더 당겨달라는 요구가 끊이질 않는다. 목표를 세
워도 조기달성을 말하고, 신제품 연구개발 기간도 반으로 줄여달라는 요청을
받곤 한다. 그러니 직장인은 언제나 경쟁에서 살아남기 위해 늘 속도 스트레
스 속에서 시간을 보내게 된다. 물론 어느 정도의 속도가 좋은 실적으로 나타
나는 경우도 많다. 하지만 그것은 사람들이 함께 일을 하기 때문이다. 조직에
서는 1+1=2가 아니라 2 이상인 경우가 훨씬 더 많다. 조금은 무리한 계획을
세워도 함께 하면 목표 달성이 가능한 경우가 적지 않은 것도 그런 이유에서
다. 말하자면 함께 하는 속도는 경영전략인 것이다.

하지만 조직에 속해 있다가 퇴직을 하고 나면 상황은 달라진다. 재직 중 업
무에 속도를 내면 그것이 좋은 실적으로 나타날 수 있지만 퇴직을 하고 난 후
진로를 결정할 때 속도를 내면 인생 자체가 혼란에 빠질 수도 있는 것이다.

어떤 연유에서든지 잘 다니던 직장을 그만두게 되면 마음이 급해진다. 밤낮으로 새로운 일을 빨리 시작해야 한다는 강박증에 시달리게 된다. 시간은 쉼 없이 흘러가는데 무엇인가 시작조차 하지 못한다는 것에 조바심이 난다. 누구나 퇴직 전에는 생각한다. 휴가도 제대로 즐기지 못하고 오랫동안 소처럼 일만 했으니 회사를 그만두면 여행이라도 하면서 생각할 시간을 가져야겠다고, 그 정도의 휴식은 그간의 수고에 대한 당연한 대가라고 생각한다.

그러나 막상 회사를 나오게 되면 마음이 급해진다. 무엇인가 빨리 다른 일을 잡지 못하면 금방이라도 어떻게 되어버릴 것 같은 혼돈에 빠지게 된다. 이런 조급한 마음 때문에 퇴직하고 2, 3개월 만에 새로운 비즈니스를 시작하게 되면 그것은 그야말로 욕속(欲速)이며 그 결과도 불을 보듯 예측이 가능하다.

그러면 직장인이 퇴직 후 무욕속(無欲速)을 실현할 수 있는 가장 좋은 방법은 무엇일까. 바로 이 책의 제4강에서 이미 언급한 자기브랜드이다. 10년이면 10년, 20년이면 20년 동안의 직장생활 속에서 습득한 지식과 기술로 무장된 자신만의 특기가 있다면 자기브랜드는 가능하다. 그리고 자기만의 퍼스널 브랜드가 있다면 퇴직을 하더라도 조급함에 쫓기며 우왕좌왕할 필요가 없다. 이미 자신이 가야 할 길을 스스로 준비해 왔기 때문이다.

論語 자기브랜드라는 장기 목표를 세우고 그 방향으로 걸어가라

회사 일을 하면서 어떻게 개인적인 강점과 자신만의 특기를 만들 수 있을지, 그렇게 한가롭게 직장생활을 할 수 있는 곳이 과연 몇 곳이나 될지 생각하는 사람도 많을 것이다.

나 역시 그랬다. 나름 잘 나간다는 회사를 다녔기 때문에 회사에 대한 긍지는 있지만 나만의 특기나 장점을 살린다는 것은 불가능하다고 생각했었다. 그럴 시간도 없었고 그럴 여유도 없었다. 아니 그 모든 것이 가능했다고 해도 특별히 자기브랜드를 만들 필요성을 느끼지 못했다. 성실히 일하면서 특별히 문제만 만들지 않고 편하게 출퇴근만 할 수 있으면 최고라고 생각했다. 겉으로는 불평불만을 늘어놓았지만 속으로는 그런대로 만족하고 있었다.

그러니 시간이 나면 가족들과 놀이동산을 한 번이라도 더 가려고 노력했고, 휴일이면 한 시간이라도 더 늦잠을 자기 위해 피곤한 척해야 했다. 나는 가족을 위해 최대한 노력을 하고 있으니 직장인으로서도 가장으로서도 당당하다고 생각했다. 젊음은 오래갈 것이라고 믿었으며 시간이 지나면 승진은 늘 가능할 것으로 생각했다. 그러니 특별히 미래를 위해서 자기브랜드를 만들어야 겠다는 생각을 할 필요도 없었다.

나는 내 위치에서만 나를 생각했다. 단 한 번도 사장의 위치에서 역지사지(易地思之)를 해보지 못했다. 내가 잘나서 좋은 회사에 들어갔고 내가 유능해서 과장이 된 것으로 확신하고 있었다. 나만 문제없으면 회사는 끝까지 나를 내치지 않을 것이라 믿었다.

나중에야 알게 된 사실이지만 사장은 사장 위주로 모든 걸 생각하지 사원의 입장에서 생각하지 않는다. 사장은 사장의 위치에서 회사를 생각하지 사원의 위치에서 회사를 생각하지 않는다. 사장은 사원이 잘나서 채용하는 것이 아니라 필요하기 때문에 채용을 하는 것이다. 사장은 사원이 유능해서 과장으로 승진시키는 것이 아니라 과장이 필요하기 때문에 대리 중 한 명을 과장으로 승진시키는 것이다. 사장은 사원이 문제가 있어 내치는 것이 아니라 회사운영에 더 이상 그 사람이 필요하지 않기 때문에 내치는 것이다.

회사는 명예퇴직을 시켰는데 나는 명예퇴직을 당했다고 생각했다. 회사는 내가 더 이상 필요치 않아 퇴직금에 격려금까지 주면서 정리를 한 것인데 나는 믿었던 회사로부터 인간적인 배신을 당했다고 생각했다. 최소 30년은 회사에 다닐 거라는 생각은 그저 나의 생각일 뿐 회사는 나에게 재직 기간을 정하지 않았다는 사실을 잊고 있었다. 회사는 나의 미래에 대해 그 어떤 보장도 약속하지 않았는데 나는 그냥 회사를 믿고 출퇴근만 열심히 했다. 세계 경제상황이 땅에 고꾸라져도, 일본 경제가 수십 년째 추락하고 있어도 그건 나와 아무런 상관이 없는 일이었다. 나는 어제처럼 늘 출근만 잘하면 되는 줄 알았다.

　곰곰이 생각해 보면 전혀 준비를 하지 않은 것은 아니다. 나름 영어공부를 한다고 새벽같이 달려가 냉기가 가시지 않은 학원에 앉아 시간을 보내기도 했고, 엑셀을 배운다고 컴퓨터를 붙들고 앉아 씨름을 하기도 했다. 일하는 데 전공지식이 부족하다고 생각하여 학교로 학회로 나름 뛰어다니며 노력을 했다. 회사에서 진행하는 각종 교육에 참석하는 것도 소홀히 하지 않았고, 교양을 높이려고 책도 나름 많이 읽었다.

　하지만 문제는 방향이 없었다는 데 있었다. 방향이 있었다면 토익 600점을 800점으로 올리려고 그렇게 죽을 고생을 해가면서 노력하지는 않았을 것이다. 뚜렷한 방향이 있었다면 PC에 전공지식 함양에 그토록 많은 시간을 보내지 않아도 되었을 것이다. 가고자 하는 커리어의 방향이 있었다면 그 방향으로 나아가기 위한 노력을 하는 데 모든 것을 집중했을 것이다.

自己브랜드 만들기의 좋은 예

　예를 들어 사람들과 대화하는 것을 좋아하는 사람이 진작부터 '상담'이나

'코칭'이라는 목표를 세웠다고 가정해 보자. 대리에서 부장이 될 때까지 약 10년이라는 기간을 그 목표에 집중한다면 설사 퇴직을 하게 되더라도 얼마든지 여유 있게 다음 일을 준비할 수 있을 것이다. 많은 사람들에게 용기를 주고 상처의 치유를 가능하게 해주는 기술인 상담이나 코칭은 사람들과 대화하기를 좋아하는 사람에게는 더 없이 좋은 아이템인 것이다.

회사 업무에 특별히 부담을 주지 않으면서도 얼마든지 할 수 있는 일이 바로 상담이다. 예를 들어 업무 외 시간에 동료나 부하사원 혹은 상사와도 상담을 할 수가 있다. 단 그 상담을 하면서 전략과 목표만 덧붙이면 되는 것이다. 예를 들어 '우리 회사에서 상담을 제일 잘하는 사람이 되어야겠다.'라는 목표를 세우고 그 목표에 집중하는 것이다. 상담을 하면서 요령이 필요하면 공부를 하여 요령을 익히면 되고, 코칭기법이 필요하면 코칭기법을 틈틈이 익히면 된다. 그렇게 되면 독서를 해도 코칭 관련 책을 읽게 될 것이고 영어 공부를 하는 목적도 외국의 코칭서적을 읽어보기 위해서가 될 것이다. 같은 영어 공부라도 자신이 원해서 하는 공부라면 승진을 위한 토익 점수 올리기보다는 훨씬 재미있을 것이다.

그렇게 해서 그 분야의 전문성이 높아지게 되면 자기 자신만 발전하는 것이 아니라 더 나아가 회사에 기여를 할 수도 있게 된다. 인사나 노사 부서에서 주로 하는 일이 문제 사원과 '상담'을 하는 일인데 이미 상담의 고수가 되어가는 자신이 그 일을 도와주어 문제가 잘 해결된다면 회사에서도 얼마나 좋아하겠는가. 이런 방식으로 자신의 목표에 꾸준히 다가가면 작장생활을 하는 기간만큼 상담 실력이 높아지게 되고 전문가가 되는 것이다. 조금 더 욕심을 내어 상담에 학위가 필요하면 야간에 대학원이나 박사 과정을 이수할 수도 있고, 만약 그러다가 퇴직을 해야 할 상황이 온다 해도 그에게는 퇴직 후 욕속(欲速)을 해야 할 다급한 상황은 오지 않는다. 그에게는 이미 상담 혹은 코칭 전문가라는 자기브랜드가 생겼기 때문이다.

知之者不
如好之者
好之者不
如樂之者

공자가 말했다.
아는 자는 좋아하는 자만 못하고
좋아하는 자는 즐기는 자만 못하다.

지 지 자 불
여 호 지 자
호 지 자 불
여 락 지 자

논어 옹야편 제18장

子曰 "잘 아는 자는 좋아하는 자만 못하고, 좋아하는 자는 즐기는 자만 못하다."

어떤 것에 재능이나 능력이 출중해도 그것을 좋아해서 하는 사람을 이길 수 없고, 좋아해서 하는 사람은 그것을 즐기면서 하는 사람을 이길 수 없다는 말이다. 공자는 다른 사람이나 사물과 맺는 관계를 3단계로 나누어 아는(知) 것, 그 다음은 좋아하는(好) 것, 마지막은 즐기는(樂) 것으로 구분했다. 친구를 사귈 때도 첫 단계는 그에 대해서 아는 것이요, 두 번째는 단순히 아는 단계를 넘어 그를 좋아하는 단계이고, 마지막 3단계는 친구와 모든 것을 함께 즐기는 경지까지 가는 것이다.

학문의 단계도 마찬가지다. 학문을 배워 알게 되고 그 학문을 좋아하게 되면서 결국엔 그 학문을 즐기는 경지로 가는 것이다. 일이나 업무의 단계 역시 다르지 않다. 일도 처음엔 배워서 알게 되지만 시간이 지나면서 일의 즐거움을 느끼고 결국엔 일을 즐기는 경지까지 가는 것이다.

論語 손발을 움직이게 하는 지식이 최상의 지식이다

지식에는 3H 지식이 있다는 말을 많이 한다. 3H란 Head(머리), Heart(가슴), Hand(손)를 의미한다. 무언가 새로운 것을 안다는 것은 먼저 머리로 이해한다는 뜻이다. 학교에서 공부하는 것도, 책을 통해 새로운 것을 얻는 것도 일단은 머릿속으로 들어가 지식으로 저장된다. 그래서 머리에 든 것이 많으면 지식이 많은 것을 의미한다.

하지만 머리에 든 이 지식이 모두 유용한 것은 아니다. 내가 그 지식을 사용하지 않으면 그것은 남의 지식에 불과하다. 머리에 든 지식이 가슴으로 내려와야 비로소 내 것이 된다. 아무리 새로운 지식이 머리를 가득 채웠다고 해도 가슴을 움직이게 하지는 않는다면 그것은 단지 차가운 지식덩어리에 불과하다. 새로운 것을 듣거나 보았을 때 혹은 읽었을 때 가슴이 요동치는 그런 설렘

이 없다면 그것은 스쳐지나가는 한줄기 바람에 불과하다.

지식의 최종 단계는 Hand(손)을 움직이게 하는 지식이다. 나의 손발을 움직일 수 있는 지식이 최상의 지식인 것이다. 몸을 움직이는 원동력이 되는 지식이 바로 살아있는 지식이다. 손발로 내려온 지식이야말로 세상을 변화시키고 사람들의 삶을 개선시키는 원동력이 된다.

머리의 이성적인 차가운 지식이 가슴으로 내려오면 뜨겁게 달구어진다. 그 열정으로 손과 발이 움직이는 것이다. 그래서 열정을 만들어내지 못하는, 가슴을 울리지 못하는 지식은 반쪽짜리 지식인 것이다. 그 반쪽짜리 지식을 가지고는 몸을 움직이는 동력은 얻을 수가 없다. 좋아하는 사람을 생각하면 기분이 좋아지듯, 사랑하는 사람을 만나면 가슴이 두근거리듯, 좋아하는 것은 그렇지 않은 것보다 훨씬 쉽게 감동을 준다. 차가운 이성의 지식에 뜨거운 감성의 울림이 더해져 가슴을 뛰게 하고 몸을 움직이게 하는 것이다.

영국문화협회가 세계 비영어권 국가의 네티즌을 대상으로 '가장 아름다운 영어 단어'를 묻는 설문조사를 했는데 1위는 'Mother(어머니)'였고 뒤를 이어 'Passion(열정)'이 2위를 차지했다고 한다. 열정이라는 단어가 Love(사랑)도, Destiny(운명)도, Freedom(자유)도 넘어선 것이다.

論語 지지자(知之者), 일을 모르면 그 일을 좋아할 수도 없다

사람을 행복하게 만드는 가장 큰 모티브는 무엇일까라는 질문에 사람들이 가장 많이 꼽는 답은 '일'이라고 한다. 일 때문에 사람들은 행복을 느끼고 일 때문에 불행을 느끼기도 한다는 것이다. 의미 있는 일을 하고 있다고 생각하는 사람들은 세상의 그 어떤 것보다도 일을 할 때 가장 행복하다고 생각할 것이고, 역으로 의미 없는 일을 하고 있을 때 사람들은 불행하다고 느낄 것이다. 그래서 일은 '1(number one)'이다. 사람에게 일이 제일 중요하다는 뜻이다. 웃음과 눈물을 만들어내는 것도 일이고, 의미와 무의미를 만들어내는 것도 일이다.

즐겁고 재미있게 일을 해야 성과도 좋고 창의적인 결과를 얻을 수 있게 된다는 것을 모르는 직장인은 없다. 단지 일이 즐겁지도 않고 재미도 없기 때문에 삶에 있어 '일'이 '1'이 못 되는 것이다. 출근하기가 죽기보다 싫고 상사가 치가 떨리도록 밉다면 이때 일은 '1'이 아니라 '0'이 되어버린다. 그러면 일이 인생을 불행하게 만드는 '0'이 아니라 행복하게 만드는 '1'이 되기 위해서는 어떻게 해야 할까? 그 답을 지지자(知之者), 호지자(好之者), 낙지자(樂之者)에서 찾아볼 수 있다.

먼저 지지자(知之者)의 경우를 보자. 자신의 일을 좋아하려면 무엇보다 우선 일을 잘 알아야 한다. 일이 즐거움을 주지 못하고 계속 힘든 일로 남는 것은 그 일을 잘 알지 못해서일 가능성이 높다. 일이 주는 의미는 차지하고서라도 일 자체에 대해서 잘 모르다면 어떻게 그 일을 좋아할 수가 있겠는가.

신입사원 시절 하늘같은 과장이 측정장비를 앞에 놓고 그 작동법과 측정방법을 나에게 손수 알려주었다. 처음 본 측정장비의 오퍼레이팅을 배우는 나의 등줄기에서는 식은땀이 줄줄 흘러내렸다. 과장이 어렵기도 했지만 무엇보다 처음 본 측정장비의 작동법을 순서대로 외우는 것이 만만치가 않았다. 과장은 내게 잘 모르면 질문을 하라고 했지만 모른다고 곧바로 질문을 할 수도 없었다. 아니 하지 못했다. 나중에 시간을 내서 차분하게 혼자 해보면 할 수 있겠지라고 스스로를 다독이면서 교육을 받았다. 그런데 문제는 교육이 끝나고 난 후였다. 불과 이틀 밖에 지나지 않는데도 과장에게 배운 방법이 잘 생각 나지 않았고 결국 나는 혼자서 그 일을 해낼 수가 없었다. 하지만 하늘같은 과 장에게 잘 모르니 다시 가르쳐달라는 말은 차마 할 수가 없었다.

이후 나는 그 일로 인해 2년 이상을 고생했다. 혼자서 측정방법을 익히는 데 정말 많은 시간이 들었다. 일이 그렇게 되자 나는 점점 그 장비로 하는 일이 싫어졌다. 업무상 꼭 필요한 장비이긴 했지만 가능하면 나는 내가 잘 다루는 다른 장비를 활용하려 들었다. 회피하고 싶었던 것이다.

차라리 업무를 배우던 그 당시에 모르는 것을 모른다고 솔직히 말했더라면 어땠을까. 한 번 해서 모르면 두 번이고 세 번이고 질문하고 반복적으로 배웠 더라면 그 후에 최소한 그렇게 많은 시간을 허비하지는 않았을 것이고 최소한 지지자(知之者)의 단계에는 올라갔을 것이다. 하지만 상사에게 계속 물어보는 것이 자존심도 상하고 한편으로는 내 실력이 부족하다는 사실을 인정하는 것 만 같아 질문을 할 용기를 내지 못한 탓에 지지자(知之者)에도 미치지 못한 것 이 지금 생각하면 참으로 아쉽게 느껴진다.

잘 안다는 것은 3H 중 머리(Head)로 잘 이해한다는 의미이다. 물론 그 일의 의미를 가슴(Heart) 뭉클하게 느낀다면 더할 나위 없이 좋겠지만 그렇게는 못 할지라도 지식적으로 충분히 알아야 하는데 그것이 부족하면 일이 싫어지기 시작하는 것이다. 그러니 우선은 먼저 지지자(知之者)가 되어야 한다.

만약 지지자(知之者)가 되었는데도 그 일이 잘 풀리지 않는다면 잠시 멈추어 서서 조용히 생각해 볼 필요가 있다. 지금 내가 하고 있는 일이 어떤 일인가, 어떤 의미가 있는가. 이 일을 하지 않는다면 어떤 일이 벌어질까. 1년 정도만 더 하고 다른 일을 찾아보는 것이 좋은가, 아니면 10년 이상 꾸준히 하는 것이 좋은 일인가. 혼자 하는 것이 재미있을까, 여럿이 하면 더 재미있고 쉽게 일할 수 있을까. 어차피 해야 하는 일인가 아니면 피할 수도 있는 일인가. 나를 발전시키는 일인가 아니면 할수록 피를 말리는 일인가. 이런 식으로 일에서 의미를 찾아보아야 한다. 세상에 의미 없는 일은 단 하나도 없다. 단지 내가 의미 없다고 생각하고 있을 뿐이다. 그러니 어떤 계기로든 내가 의미 있다고 마음을 돌리는 순간 그것은 의미 있는 것으로 바뀐다.

▦ 호지자(好之者), 피할 수 없는 일이라면 그 일에서 재미를 찾아라

직장인이 처음부터 호지자(好之者)가 된다면 이보다 더 좋은 것은 없을 것이다. 좋아하는 일을 한다는 것은 행복한 일이라는 것을 누구나 알고 있지만 처음부터 자신이 좋아하는 일을 하는 사람은 드물다. 또한 처음부터 자신의 일을 좋아하는 사람 역시 극히 드물다. 하지만 처음엔 지겹고 힘들었어도 결국 그 일을 사랑하고 좋아하게 된 사람들의 경우도 적지 않다.

일은 일이기 때문에 힘들고 어렵다. 놀이도 일이 되면 지겨워진다. 좋아하는 일을 한다고 해서 계속 좋은 상태가 유지되는 것도 아니다. 앉으면 눕고 싶고 누우면 자고 싶은 것이 사람의 마음이다. 하나를 달성하면 또 다른 것에 눈을 돌리게 되고 현실이 다시 힘겨워지는 것이 보통의 삶이기 때문이다. 하지만 자신이 하고 있는 일의 의미를 알아내고 지식을 쌓아가다 보면 전문성이 생기고, 전문성이 생기면 다른 사람들로부터 인정도 받게 되고, 타인들에게 인정을 받으면 당연히 그 일이 점점 재미있고 신이 나게 된다. 자신이 하는 일의 의미를 알아냈다고 금방 그 일이 좋아지는 것은 아니겠지만 쉬운 일이든 어려운 일이든 의미 있는 일이라는 결론을 얻었다면 이제부터는 신입사원처럼 방황을 해서는 안 된다.

그러니 먼저 세상에 쉬운 일은 없다고 인정하는 자세가 필요하다. 3040직장인이 일이 어렵다고, 마음에 들지 않는다고 투덜거려서는 미래가 없다. 언제까지 어렸을 때 어머니에게 밥투정을 하듯이 일이 마음에 들지 않는다고 투정을 하고 있을 것인가. 신입사원이라면 지금이라도 자신이 좋아할 만한 일을 찾아보는 방법이 있겠지만 중견 직장인에게 그런 일을 찾아보라고 하는 것은 현실성이 없다. 재능과 흥미를 이야기하기엔 이미 늦은 나이인 것이다. 그러니 당장 바꿀 수 없는 일이라면 그 일을 인정하는 것이 첫 번째 방법이다. 차라리 현재를 그대로 인정하고 자신의 일에서 재미를 찾는 처방이 더 현실적이다.

論語 낙지자(樂之者), 일을 일이 아니라 놀이처럼 즐기는 경지

계절이 바뀔 때마다 이직을 고민하는 직장인에게 일을 즐기라고 하는 것은 소가 바늘구멍을 통과하는 것만큼이나 어려운 일일 것이다. 일을 좋아하는 것도 어려운데 자신의 일을 즐기라는 것은 보통의 직장인들에겐 현실성 없는 말처럼 들릴 수도 있을 것이다.

하지만 직장생활을 하면서 자신의 일을 즐길 수 있다면 그야말로 최상의 직장인 아닐까. 일에 대한 충분한 지식을 갖추고, 그 일에 의미를 부여하고, 거기에 뜨거운 열정까지 지닐 수 있게 된다면 그 다음 단계로 일을 즐기면서 할 수 있게 되는 것이다. 지식이 머리를 거쳐 가슴을 적시고 손발을 움직이는 모티브가 된다면 일을 즐기면서 하는 행복한 직장인이 되는 것이다.

일요일에 하는 일은 대개 어떤 일이든 즐겁다. 일요일에는 선택의 자유와 여유가 있기 때문이다. 무엇을 하든 마음대로 하고 싶은 것을 할 수 있는 시간이기 때문이다. 자신이 좋아하는 일, 즐거운 일을 할 수 있는 날이기에 일요일에 하는 일은 일이 아니라 놀이인 것이다. 설사 몸이 좀 고단했다 하더라도 그 일이 즐거웠다면 직장인들은 일주일에 단 하루인 일요일이지만 그 하루 동안 나머지 6일을 버틸 수 있는 활력을 얻는다. 그러니 자신이 직장에서 하고 있는 일을 일요일에 하는 일처럼 좋아하고 즐긴다면 매일이 일요일처럼 즐겁고 만족스럽지 않을까. 직장에서의 하루하루가 날마다 일요일처럼 즐겁고 활력이 넘친다면 그보다 더 행복한 직장생활은 없을 것이다.

머리(Head)로 이해하고 가슴(Heart)으로 느껴 손(Hand)을 움직이게 한다면 그것이 최고의 지식일 것이다. 또 지식적으로 잘 알고 있는 지지자(知之者)의 단계를 거쳐, 일 자체를 좋아하게 되는 호지자(好之者)의 단계를 넘어, 즐기면서 일을 하는 낙지자(樂之者)의 단계까지 갈수 있다면 그것이야말로 최고의 인생일 것이다.

3부

사람을 알아야

세상을 얻는다

不患人之不己知
患不知人也

공자가 말했다.
다른 사람이 나를 알아주지 못함을 걱정하지 말고
내가 다른 사람을 알지 못함을 걱정하라.

불 환 인 지 불 기 지   **논어** 학이편 제16장
환 부 지 인 야

子曰 **"다른 사람이 나를 알아주지 못함을 걱정하지 말고 내가 다른 사람을 알지 못함을 걱정하라."**

남을 제대로 알지 못하면 그를 바르게 판단할 수 없다. 다른 사람이 나를 알아주든 말든 자신의 덕과 역량의 부족함을 근심하여 끊임없이 수양에 힘써야 한다는 뜻이다.

논어에는 이와 비슷한 의미의 어구가 반복적으로 등장한다. 〈헌문(憲問)편〉에는 불환인지불기지 환기불능야(不患人之不己知 患己不能也), 즉 다른 사람이 나를 알아주지 못함을 걱정할 것이 아니라 자신의 능하지 못함을 걱정하라는 말이 나오고, 〈이인(里仁)편〉에는 불환무위 환소이립 불환막기지 구위가지야(不患無位 患所以立 不患莫己知 求爲可知也), 즉 지위가 없음을 걱정하지 말고, 지위에 설 수 있는 자격이 있는지를 걱정하며 자신을 알아주는 이가 없음을 걱정하지 말고, 먼저 알려질 만한 사람이 되기를 노력해야 한다는 말이 나온다. 사람들은 대부분 다른 사람들이 자신을 알아주지 못하는 것에는 안달을 하지만 반면에 다른 사람들을 제대로 알려고 하지 않는다. 사람 사는 세상은 예나 지금이나 비슷한 것 같다.

論語 상사의 마음은 가늠할 수 없는 시어머니의 마음과 같다

얼마 전 TV 토크쇼 프로그램에서 결혼 예단으로 미래의 시어머니가 '적당히' 해오라고 했을 때, 그 '적당히'가 얼마냐는 질문을 가지고 토크쇼 참석자들이 갑론을박을 하는 장면이 있었다. '적당히'라는 것은 '알아서' 하라는 말인데 그야말로 역지사지가 안 되는 것 중의 하나가 예비 시어머니의 마음인지라 그분의 마음을 어떻게 알아서 만족시키는가가 토크쇼의 핵심이었다. 20여 분 동안 찬반으로 나뉘어 펼쳐진 치열한 주장들 중 오랫동안 기억에 남는 한 패널의 말이 있다. '알아서 적당히'란 불가능하기 때문에 예비 시어머니에게 정확하게 그 의중을 물어봐야 한다는 것이었다. 그렇게 해야 들인 경비에 상관없이 예비 시어머니를 만족시킬 수 있다는 주장이었다.

직장생활에서는 상사도 예비 시어머니와 크게 다르지 않다. 상사가 '알아서' 하라고 했다고 정말 알아서 '적당히' 했다가는 어떤 낭패를 볼지 알 수가 없다. 상사가 말하는 '알아서'는 그 결과가 상사를 만족시킬 수 있는 수준이어야 한다는 전제가 숨어 있는 것이며, '알아서' 하긴 하되 '확실하게' 일을 처리해야 한다는 단서도 함께 붙어 있는 것이다.

직장인의 어려움은 일이 어려워서라기보다는 사람이 어려워서인 경우가 훨씬 많다. 사람이 어렵다는 것은 그 사람의 생각을 가늠하기 어렵기 때문에 발생한다. 상대가 원하는 것이 무엇인지만 안다면 직장인이 하는 고민의 8할은 이미 해결된 것이나 다름없을 것이다.

상대가 상사인 경우는 더욱 그렇다. 그런데 조직의 부하사원들은 그 상사를 원망한다. '왜 우리 과장은 부하사원의 형편을 고려해 주지 않고 자기 주장만 계속할까? 왜 우리 부장은 자기도 올챙이 시절이 분명 있었을 텐데 그때는 생각을 못하고 왕개구리가 된 지금만 생각하는 것일까?' 여기에서 역지사지가 되지 못한다면 이 문제를 풀기란 거의 불가능하다. 상사를 원망하지 말고 왜 상사가 그렇게 하고 있는지를 알아내야 한다. 상사의 눈치만 살피면서 비위를 맞추려 하지 말고 상사가 '무엇을 원하는지' 정확히 파악을 해야 한다. 아무리 조직의 분위기 살리기가 중요해진 시대라 하지만 상사가 부하를 이해하는 것보다는 부하가 상사를 이해하려고 노력을 하는 것이 순리인 것이다. 공자는 현대의 직장인들에게 아마 이렇게 충고했을 것이다.

'상사가 나를 이해하지 못함을 걱정하지 말고, 상사를 잘 알지 못함을 걱정하라.'

論 상사와의 관계만큼
   부하사원과의 관계도 중요하다

　인간관계는 비단 상사와의 관계뿐만 아니라 동료나 부하와의 관계에서도 마찬가지다. 상대의 입장에서 생각해 보려는 작은 노력이 얽힌 실타래를 푸는 단초가 된다. 상사가 원하는 것이 무엇인지 진지하게 고민하는 부하사원이 많지 않듯 부하사원이 원하는 것이 무엇인지를 진지하게 고민하는 상사 역시 많지 않다. 많은 부하들은 원한다. 정확하게 지시를 내려줄 것을, 칭찬과 격려를 아끼지 않는 것을, 부하가 하는 말을 경청하고 잘 들어줄 것을, 말로만 일하지 말고 먼저 솔선수범을 보이는 것을, 가끔은 공을 부하에게 돌릴 것을. 그리고 가끔은 열심히 하라, 어려울 때 도와주겠다, 자네를 믿는다고 말하며 어깨를 두드려주는 상사를, 부하의 성장을 돕는 상사를 꿈꾼다.

　카리스마 있고 결단력 있는 상사가 존경의 대상일 수도 있다. 하지만 이제는 더 이상 카리스마만 가지고는 어려운 시대가 되었다. '우리 때는 말이야'라고 말해 봐야 그대로 믿는 순진한 부하는 이제 없다. 왜냐하면 부하들은 나를 성장시켜주고 나를 배려해 주는 리더를 찾고 있기 때문이다. 특히 부하사원의 역량에서 무엇을 잘하는가를 잘 찍어내는 리더가 박수를 받는다. 단점을 지적하여 보완시켜주는 상사보다는 장점이나 강점을 찾아내어 칭찬과 함께 더 강화시켜주는 상사가 그들이 원하는 리더인 것이다.

論 담당 업무가 맞지 않다고 불만하기 전에
   그 업무를 잘 알고 있는지 살피라

일에서도 마찬가지이다. 자신이 맡은 담당업무를 좋아하는 직장인이 있는 반면 좋아하지 않는 직장인도 많다. 좋아하지도 않는 일을 조직원으로서 하지 않을 수는 없기 때문에 억지 춘향으로 업무를 하는 경우가 그것이다.

잘 맞지 않는 업무를 숨죽인 채 무작정 계속한다는 것은 조직적으로도 개인적으로도 큰 마이너스다. 그러니 먼저 그 업무를 연구해 보아야 한다. 학습이 필요하면 일정 기간 공부에 열중하고, 자신의 열정이 부족하면 일의 일부에 자신의 목표를 부합시켜 열정을 키워야 한다. 잘 알지 못한다는 사실을 안다는 것만으로도 성장 가능성이 있다. 질문을 할 수 있다는 것은 해답에 한 발 가까워졌다는 것을 의미한다. 좋아서 하는 일이야 축복이지만 싫어하면서도 단지 월급 때문에 일을 하고 있다면 역시나 공자의 충고에 귀를 기울여보는 것이 좋을 것이다.

'업무가 왜 내게 맞지 않을까를 걱정하지 말고, 내가 업무를 잘 알지 못함을 걱정하라.'

三人行
必有我師焉
擇其善者而從之
其不善者而改之

공자가 말했다.

세 사람이 가면

그 중에는 필히 나의 스승이 될 만한 사람이 있다.

그들 중 선한 자에게는 그 선함을 배워 따르고

선하지 못한 자를 보면 나를 고치면 된다.

삼 인 행　　　　‖ **논어** 술이편 제21장

필 유 아 사 언

택 기 선 자 이 종 지

기 불 선 자 이 개 지

子曰 **"세 사람이 길을 가면 그들 중에는 필히 나의 스승이 될 만한 사람이 있다. 그들 중 본받을 자를 가려서 따르고, 착하지 못한 자를 보고 고치면 된다."**

공자는 세 사람만 모여도 그 중에 반드시 내 스승이 될 만한 사람이 있다고 했다. 사람들 중에는 장점이 많은 사람이 있는 반면 단점이 많은 사람도 있다. 내가 어떻게 하느냐에 따라 이들 모두는 나의 스승이 될 수 있다는 말이다. 좋은 점을 가진 사람의 장점을 따르고, 좋지 않은 점을 가진 사람의 단점을 통해 자신을 바로잡을 수 있기 때문이다. 좋은 점을 가진 사람을 스승으로 삼는 것은 당연하지만, 좋지 않은 점을 가진 사람도 반면교사(反面敎師)로 삼을 수 있다는 말이다.

論語 잘나가는 동기를 적이 아닌 친구로 만들라

　성공하는 직장인들의 성공비결은 대체로 '인간관계'일 가능성이 매우 크다. 상사나 부하사원 혹은 동기들과 좋은 인간관계를 맺는 사람일수록 직장생활을 성공적으로 할 확률이 높은 것이다. 우선 동기는 입사 후 회사에 적응하는 데 심리적으로 큰 도움이 되는 존재이다. 새로운 환경, 새로운 업무에서 오는 스트레스를 깊이 공감하고 이해하고 또 서로 격려를 주고받기에 동기보다 더 편한 사람은 없기 때문이다. 기업에서 오래 근무하면 할수록 큰 부담 없이 도움을 주고 받을 수 있는 사람 또한 동기들이다. 물론 같은 부서에 배치를 받았다면 경쟁 상대가 될 수도 있겠지만 설사 그런 경우라 하더라도 동기는 나의 반면교사가 될 수 있다. 먼저 승진 대상자가 된 동기를 보면서 스스로 자신을 되돌아볼 수 있다면 그는 더 이상 경쟁자가 아니라 나의 본보기가 되는 것이다. 잘나가는 동기를 친구로 만드는 것도 나고 적으로 만드는 것도 나 자신이다. 그가 친구가 된다면 나의 경력에 좋은 조언자가 되겠지만 적이 된다면 좋은 친구를 하나 잃어버리게 되는 것이다. 친구를 얻는 것도 친구를 버리는 것도 모두 자기 자신에게 달려 있다.

論語 중요한 것은 상사가 누구인가가 아니라 그들에게 무엇을 배우는가이다

상사는 직장 생활의 가장 든든한 지원군이자 가장 높은 장벽이다. 직장인의 성패는 어떤 상사를 만나는가에 달려 있다고 해도 과언이 아니다. 자신의 상사가 장벽으로 먼저 다가올지 든든한 지원군으로 먼저 다가올지는 아무도 모른다. 물론 일반기업에서 한 상사와 오랫동안 같은 부서에서 근무하는 경우는 그리 많지 않다. 조직과 업무가 바뀌면서 상사도 바뀌기 때문이다. 짧으면 1, 2년 길어도 4, 5년을 넘지 않는다. 하지만 함께 하는 기간이 짧다고 해서 그 상사가 미치는 영향력이 줄어드는 것은 아니다.

상사라면 당연히 많은 업무경력을 가지고 있기에 그로부터 업무의 노하우를 배우고 익혀야 하지만 간혹 실무능력이 없는 사람이 상사로 오는 경우가 있다. 이 때 중요한 사실은 실무적으로는 조금 감각이 떨어지는 상사라 해도 그런 상사에게서 오히려 업무 외적으로 더 많은 것들을 배울 수도 있다는 것이다. 또 그가 지나온 역정을 보면서 더 많은 숨겨진 노하우를 배울 수도 있다는 사실이다. 물론 실력 있는 상사를 만나 실무적으로 많은 것을 배우는 경우라면 더할 나위 없이 좋겠지만 그 반대라 하더라도 실망할 필요는 없다. 그런 상사를 거울삼아 스스로 실력을 쌓아가면 되는 것이다. 또 실력 있는 상사를 통해 편하게 업무를 배우는 것도 좋지만 상사에게 배울 것이 없어 업무를 해나가는 과정이 어렵다 해도 그 과정을 통해 스스로 훈련이 되고 배우는 것 역시 그리 나쁘지는 않기 때문이다.

문제는 상사가 벽이 되었을 때의 전략이다. 상사가 아주 사소한 것도 부정적으로 보고 그냥 넘어가는 경우가 없고 사사건건으로 물고 늘어진다면 이것처럼 긴장되고 힘든 직장생활은 없을 것이다. 이럴 때는 상사가 스승이 아니라 악마로 보일 것이다. 이런 경우에 꼭 필요한 명구가 기불선자이개지(其不善者而改之)일 것이다. 선하지 못한 자를 보면서 나는 나중에 부하들에게 절대로 그러지 말아야지 하면서 그를 반면교사로 삼는 지혜가 필요한 것이다. 아무리 지독한 상사도 얼마 못가 헤어지게 되어 있다. 아무리 힘들어도 그때까지만 참고 기다리면 된다. 그 기다림의 시간을 지혜롭게 견뎌내면 오히려 친절한 상사에게서 얻지 못하는 직장 생활의 필수적인 노하우를 자연스럽게 익히게 된다. 그러니 그 지독한 상사도 지나고 보면 나의 스승이었다는 것을 알게 된다.

論語 때로는 골칫덩어리 부하를 통해 내가 더 성장할 수도 있다

부하도 종종 스승이 될 수 있다. 부하를 통해 나의 관리능력을 키워나갈 수 있기 때문이다. 부하들을 관리하고 이끌어나가는 일은 반드시 원칙대로 전개되지는 않는다. 상황이나 조건에 따라 그 적용을 각기 달리해야 관리력이나 리더십이 통하게 되어 있다. 고분고분한 부하들과 함께 일을 한다면 그보다 더 편할 수는 없을 것이다. 시키는 대로 원하는 대로 일을 알아서 척척 해준다면 그 누구도 상사노릇을 마다하지 않을 것이다.

하지만 알아서 일 잘하는 부하를 둔 덕에 별 문제없이 승진한 상사가 반드시 유능한 상사가 되는 것은 아니다. 유능한 상사는 오히려 여러 가지 어려운 난관들을 슬기롭게 해결한 관록을 가지고 있는 사람들이다. 그 경험을 통해 앞으로 발생할 어려움에 더 잘 대비하게 되고 난관에 부딪혔을 때 그 문제들을 슬기롭게 풀어나가게 된다. 그러니 문제 덩어리 골치 아픈 부하사원이라 할지라도 단지 애물단지로 치부할 것이 아니라 그들이 오히려 자신의 문제 해결 능력을 키우고 훈련할 기회를 만들어주는 좋은 스승이 될 수도 있다는 사실을 기억해야 한다.

부하 육성은 상사가 가져야 할 중요한 의무 중의 하나라는 것을 모르는 상사는 없을 것이다. 비록 그들이 자신의 마음에 들지 않고 부족할지라도 상사의 적극적인 관심이 있다면 그 부하사원의 교육과 경력개발에 엄청난 영향을 끼치게 된다는 것도 잊지 말아야 한다. 곧은 사람을 끌고 가는 것이 리더십의 반이라면 굽은 사람을 끌고 가는 것도 리더십의 그 나머지 반인 것이다.

與人歌而善
必使反之
而後和之

공자가 말했다.
사람들 중에서 어떤 사람이 노래를 잘하거든
반드시 그 노래를 다시 부르게 한 다음
그 후 좋은 점을 따라 함께 한다.

여 인 가 이 선 　 **논어** 술이편 제31장
필 사 반 지
이 후 화 지

子曰 "어떤 사람이 노래를 잘하면 반드시 그 노래를 다시 부르게 한 다음 그 좋은 점을 따라 부른다."

20세기 초 미국에선 공장 직원들에게 적용할 교육훈련 방법이 한 가지 개발되었다. 표준화된 4단계 훈련방법이 바로 그것이다. 즉 기업에서 조직원에게 어떻게 하면 쉽게 교육을 하고 조직을 이끌어갈까를 고민하고 생각한 끝에 새로운 교육법을 만들어냈던 것이다. 표준화된 4단계 훈련방법은 '보여주고(show), 설명하고(tell), 시켜보고(do), 점검하라(check)' 는 것이었다. 이는 이후 서양식 조직원 인력개발의 기초가 되었다.

2500년 전에 동양의 공자는 여인가이선 필사반지 이후화지(與人歌而善 必使反之 而後和之)라고 했다. 사람들 중에서 어떤 사람이 노래를 잘하거든 잘한다고 칭찬을 해준 다음 다른 사람들을 위해 시범을 보이도록 재창을 요청해 다시 부르게 한 다음 그 좋은 점을 따라 부른다는 것이다. 다른 사람의 재능을 발견하고 칭찬하고 본받게 하는 것은 사람이나 조직을 이끄는 리더의 멋진 덕목이 아닐 수 없다.

論語 타인의 장점을 볼 줄 아는 능력이 진정한 능력이다

직장인에게 특별히 도움이 되는 능력이 하나 있다. 그것은 타인의 장점을 볼 줄 아는 능력이다. 특히 경력이 쌓여 상위직급으로 올라갈수록 무엇보다 사람을 볼 줄 아는 식견이 필요하다. 사람들은 누구나 자기만의 색안경과 자기만의 생각의 필터를 가지고 있다. 비슷한 업무를 계속 반복적으로 하다 보면 그 안경의 색깔은 점점 짙어지고 그 생각의 필터는 점점 좁아진다. 그래서 자기 안경색에 맞으면 능력에 상관없이 좋아 보이고, 자기 생각과 주파수가 비슷하면 역량에 상관없이 중요한 일을 맡기게 된다. 그러나 상사의 식견과 사고는 회사의 매출에 직접적인 영향을 주고, 상사의 색안경과 편향된 생각의 필터는 부하사원의 경력개발이나 조직 분위기에 치명적인 영향을 미친다.

만약 검은색의 안경을 쓰고 있다면 이제 그 안경을 벗어야 한다. 그렇지 않으면 세상의 모든 것이 검은색으로 보일 것이기 때문이다. 한쪽으로 편향된 생각의 필터를 끼고 있다면 그 편협한 필터를 갈아끼워야 한다. 그렇지 않으면 세상의 모든 정보들이 왜곡될 것이기 때문이다. 그 검은색의 안경과 구부러진 생각의 필터를 가지고 타인의 긍정성을 찾기란 불가능하다. 검은색의 색안경으로는 아무리 잘 들여다보아도 주변 사람들의 장점을 제대로 볼 수가 없다. 또 그 편협하고 왜곡된 필터로는 아무리 많은 장점을 가진 사람을 만난다 해도 제대로 그 사람을 칭찬할 수가 없다.

잘하는 것을 잘한다고 말할 수 있는 것은 용기다. 불의를 보고 참지 못하고 나서는 것도 용기고, 정의를 보고 인정하고 칭찬하는 것도 분명 용기인 것이다. 칭찬을 할 수 있는 여유와 용기는 자신을 믿는 가능성의 함수라는 말이 있다. 나도 나중에 할 수 있다는 가능성이 있어야 진심으로 칭찬을 할 수 있다는 말이다.

'사람들 중에서 어떤 사람이 노래를 잘하거든(與人歌而善)'이라는 구절의 '잘한다'는 의미로 공자는 선(善)자를 사용했다. 검은색의 안경과 삐딱한 필터를 장착하고 있다면 주위에서 아무리 노래를 잘하는 사람이 있다고 해도 그가 잘한다는 것을 인정하기가 어려울 것이다. 특별한 아이디어와 노력으로 높은 실적을 만들어낸 동료나 부하사원을 보고도 칭찬 대신 시기나 질투의 마음이 생긴다면 아직 이 선(善)의 의미를 모르고 있는 것이다.

나도 땅을 살 수 있다는 자신감이 있으면 사촌이 땅을 사도 배가 안 아프다

회사라는 조직에서 칭찬에 목 말라하는 사원들이 그토록 많다는 사실을 그들의 상사가 안다면, 진실한 말 한마디와 칭찬이 그 어떤 인센티브보다 효과적이라는 것을 안다면 많은 상사들이 지금처럼 그렇게 칭찬에 인색하지는 않을 것이다. 어쩌면 대부분의 상사들은 너무 자주 칭찬을 하면 역효과가 날지도 모른다거나 칭찬을 하면 도리어 기어오를지도 모른다는 생각에 칭찬을 하고 싶어도 억지로 참고 있는지도 모른다. 하지만 정작 그 상사는 임원으로부터 칭찬을 듣고 싶어 한다. 또 임원은 사장으로부터 칭찬과 격려를 받고 싶어 한다. 부하가 만들어낸 결과가 칭찬해야 할 일인지 아닌지를 정확히 판단할 수 있는 능력이 되는 상사라면 그 칭찬이라는 절호의 찬스를 그냥 버리지는 않을 것이다. 격려하고 칭찬하면서 다시 한 번 모범을 보일 기회를 주어 다른 사람들로 하여금 따라하게 만드는 것이 진정한 상사의 리더십인 것이다. 그러니 칭찬할 일인데도 칭찬하지 못한다는 것은 오히려 자신의 능력에 문제가 있다는 것을 자인하는 것이 된다.

부하가 노래를 잘하면 앙코르를 외쳐야 한다. 일을 잘하면 격려를 아끼지 말아야 한다. 모범을 보일 수 있는 자리를 만들어주어야 한다. 부하의 좋은 실적에 두려움을 느껴서는 앙코르를 외칠 수 없다. 치고 올라오는 부하 때문에 자신의 자리보전이 어렵다고 느낄 것이기 때문이다.

사촌이 땅을 사면 배가 아프다는 속담이 있다. 땅을 사는 사촌과 비교를 하니까 배가 아픈 것이다. 나도 땅을 살 수 있다는 자신이 있다면 왜 배가 아프겠는가. 동료나 부하가 좋은 성과를 냈으면 당연히 칭찬을 해야 하는데 그러지 못한다면 그것은 내가 준비가 덜 되었다는 것은 말해주는 것이다.

有一言而可以
終身行之者乎
其恕乎 己所不欲
勿施於人

공자의 제자인 자공이 공자에게 물었다.
평생토록 지켜야 할 중요한 한마디 말이 있다면 무엇입니까?
공자가 말했다.
그 것은 (용)서라는 말이다.
내가 바라지 않는 것을 남에게 시키지 말아야 한다.

유 일 언 이 가 이　　┃ **논어** 위령공편 제23장
종 신 행 지 자 호
기 서 호　기 소 불 욕
물 시 어 인

子曰 **"살아가면서 종신토록 행하여야 할 것은 용서하는 것이다. 자신이 하고자 하지 않는 것을 남에게도 시키지 않는 것이다."**

주윤발 주연의 《공자》라는 영화 초반부에는 순장의 악습에 반대하는 공자의 모습을 그린 장면이 등장한다. 춘추시대 노나라의 실세 가문인 계손씨(季孫氏)의 계평자(季平子)가 죽자 집안의 노비들을 함께 매장하는 순장이 진행되었다. 이때 어린 노비 하나가 무덤으로 가는 행렬에서 도망치는 일이 벌어졌다. 하지만 결국 이 아이는 잡혀 죽음을 피할 수 없게 되었다. 계씨 집안의 가신인 공산뉴는 죽은 계평자가 이 노비를 특히 귀여워했기 때문에 주인과 함께 죽는 것은 노비로서 당연한 일이라고 말했다. 이때 공자가 공산뉴에게 말했다. "계평자가 누구보다도 공산뉴 당신을 아꼈는데 당신도 주인을 따라 죽어야 하는 것이 당연한 것 아니겠는가?" 펄펄 뛰는 공산뉴의 귀에 대고 공자는 작지만 강하게 말했다. "기소불욕 물시어인(己所不欲, 勿施於人)" 자신이 원하지 않는 일은 다른 사람에게도 시키지 말아야 한다는 말이다. 결국 노비는 풀려나 후에 공자의 제자가 되었다.

홍콩의 한 신문에 의하면 중국의 최고지도자 시진핑(習近平)의 가훈도 '기소불욕 물시어인(己所不欲 勿施於人)'이라고 한다. 자기를 중심으로 생각하지 말고 주변 사람들의 관점에서 행동하라는 의미로, 그는 아버지로부터 급인방편 자기방편(給人方便 自己方便), 즉 남을 편하게 해주면 자신도 편하게 된다는 말을 자주 들었다고 했다.

論語 역지사지의 핵심은 용서와 이해

《화성에서 온 남자 금성에서 온 여자》라는 책을 보면 남자(화성인)들은 스트레스를 받거나 깊이 생각할 고민거리가 있으면 동굴 안으로 들어가 다른 일은 뒤로 한 채 정신을 집중한다고 한다. 동굴 속에 들어간 남자와 대화를 나누면 그의 마음이 다른 데 가 있기 때문에 건성으로 대화에 임한다. 그래서 아내는 동굴에 들어간 남편에 대해 자신에게 무관심하다고 비난을 한다. 여자(금성인)들은 스트레스를 받으면 우울한 기분을 풀기 위해 과거문제로부터 복잡한 이야기들을 남편에게 털어놓는데 이는 문제를 해결해 달라는 의미이기보다는 이렇게 함으로써 기분이 홀가분해지기 때문이다. 하지만 남편은 아내가 얘기하는 문제들을 해결해줘야 한다는 강박관념 때문에 아내와의 대화를 부담스럽게 느낀다.

그러므로 남편과 아내가 서로 사랑받고 싶다면 상대방을 이해하고 인정하는 지혜가 필요하다. 남자들은 동굴 속에 들어가 있을 때 아무리 자신이 해결해야 할 문제들이 많더라도 여자들은 대화를 함으로써 스트레스를 푼다는 점을 배려함으로써 편하게 경청해야 할 시간을 만들 필요가 있다. 금성인은 누군가가 자기의 이야기를 열심히 들어주고 있다는 이유만으로도 충분히 행복할 수 있기 때문이다. 반면 여자들은 남자들이 자신의 이야기를 경청하지 않는다고 해서 무관심하다고 단정지을 것이 아니라 화성인들은 동굴 속에 들어가서 한 곳에만 집중해 스트레스를 푼다는 점을 고려해 대화 도중 말을 잠시 멈추고 그가 편할 때 다시 대화를 시작하는 지혜가 필요한 것이다.

맹자(孟子)에 나오는 역지사지(易地思之)는 상대방의 처지나 입장에서 먼저 생각해보고 이해하라는 뜻이다. 중국의 전설적인 성인인 하우(夏禹)는 물에 빠진 백성이 있으면 자신이 치수(治水)를 잘못하여 그들을 빠지게 하였다고 여겼으며, 후직(后稷)은 굶주리는 사람이 있으면 스스로 일을 잘못하여 백성을 굶주리게 만들었다고 생각하였다.

하지만 상대방이 당한 일을 똑같이 경험하지 않은 상태에서 그 사람의 입장이 되어 생각하는 '역지사지'가 말처럼 그렇게 쉬운 일은 아니다. 어려움에 처한 동료나 부하사원에게 '잘 해결될 겁니다. 더 큰 성공이 가능한지를 놓고 지금 그 능력을 시험받고 있는 중이라고 생각하세요.'라고 말한다면 과연 얼마나 위로가 되고 도움이 될까. 때로는 처져 있는 어깨를 한번 말없이 쓰다듬어 주는 것이 그에게 더 큰 위로가 될 수도 있다.

인터넷의 트위터나 페이스북 공간엔 많은 사람들과 연결되어 있는 리더들이 있다. 수천 명의 팔로워는 물론이고 수만, 수십만, 수백만의 팔로워를 움직이게 하는 모티베이터들도 있다. 지금이야 SNS 덕에 일 년이면 그런 기적 같은 관계 맺기도 가능하지만 공자시대에는 공자를 따랐다고 하는 3천여 명의 제자들이 대체 어떻게 모여들었던 것일까. 그것도 자신의 의지로 배우기 위해 모여들어 흩어지지 않고 올곧게 공자의 학문에 빠져들었다는 것이 과연 어떻게 가능했을까. 그 이유 중의 하나로 이 '서(恕)'라는 한 단어에 집중하는 학자들이 적지 않다. 상대를 이해하고 용서하는 것, 역지사지로 상대방의 입장을 먼저 생각하는 것. 그런 공자의 기본이 인터넷도 없는 시대에 많은 사람들의 리더가 될 수 있었던 비밀이라는 것이다.

論語 진심이 답이다

드라마나 영화에서 재산 다툼으로 인해 부모나 형제들 간에 갈등이 일어나는 모습을 보면 '나는 그러지 말아야지' 다짐을 하면서 혀를 찬다. 하지만 그것이 자신 앞에 현실이 되어 닥쳐오면 드라마나 영화 속의 갈등이 단지 영화나 드라마가 아니라는 것을 알게 된다. 아픈 부모 모시기가 어려워 형제 간에 일어나는 갈등은 예사고 그런 부모가 돌아가시면 형제들은 서로 그간의 기여도를 내세우면서 상속 싸움의 단계로 들어간다. 그러면서 밖에서는 형제 간의 우애를 이야기한다. 이해한다는 것, 한 곳으로 뜻을 같이 모은다는 것, 용서한다는 것. 말하기 좋고 듣기 좋은 정말 그럴듯한 말이지만 그것을 나 자신의 현실 속에서 실천하는 것은 그리 만만한 일이 아니다. 그것이 자신의 일로 바뀌는 순간 남을 이해하고 용서한다는 선한 마음은 사라지고 자신의 입장만을 생각하는 이기심만이 남게 되는 것이다.

회사 내 상사와 부하직원 간의 관계에서도 마찬가지다. 이해관계가 없는 다른 부서 상사들과는 잘 지내면서도 유독 자신의 직속 상사는 늘 못마땅하게 생각하는 사람들이 많다. 이유는 간단하다. 다른 부서 상사는 나에 대한 그 어떤 책임도 없기 때문에 굳이 싫은 소리를 할 필요가 없기 때문이다. 그러나 책임과 의무 모두를 가지고 있는 직속 상사는 다르다. 성장과 발전을 위하여 부하사원에게 분명 싫은 소리도 할 줄 알아야 한다. 하지만 그것이 기소불욕 물시어인(己所不欲 勿施於人)의 정신에 위배되는 자신의 입장만을 생각한 것이라면 아무리 상사라 할지라도 부하직원들의 반발을 사게 될 것이다.

문제는 마음이다. 어떤 마음을 가지고 부하사원의 잘못을 말하고 있는가이다. 사람은 느낀다. 자신을 훈계하는 상사의 마음을 그대로 읽어낸다. 상사 자신의 이익을 위해서 큰소리를 치고 있는지 아니면 진심으로 부하의 미래를 위해서 충고를 하고 있는지 훈계를 받는 부하는 이미 알고 있다. 그러니 따끔하게 훈계를 할 때라도 기소불욕 물시어인(己所不欲 勿施於人)하는 마음이 있어야 한다. 한발 더 나아가 그런 마음을 상대로 하여금 느끼게 해야 한다. 그러기 위해선 진심으로 내가 그렇게 생각하고 있어야 한다.

한편 부하직원이 잘못을 했음에도 지적하지 않는 것은 '않는' 것이 아니라 '못하는' 것이다. 부하직원에게 바른 말을 못한다는 것은 곧 능력이 없다는 뜻이다. 능력이 없으면 능력을 키우는 것이 답이지 능력 없음을 '인간미 있는 사람'이라는 가면으로 숨겨서는 조직의 발전은 어렵다.

後生可畏
焉知來者
之不如今也

공자가 말했다.
뒤따라오는 후배들을 두려워할 줄 알아야 한다.
그들의 장래가 지금의 나만 못할 줄을 어찌 알겠는가?

후 생 가 외   **논어** 자한편 제22장

언 지 래 자

지 불 여 금 야

子曰 **"뒤따라오는 후배들을 두려워할 줄 알아야 한다. 그들의 미래가 지금의 나보다 못할 것이라는 것을 장담할 수 있겠는가?"**

공자는 먼저 세상을 떠난 제자인 안회(顔回)를 칭찬하면서 후배들은 두려워할 만하다(後生可 畏)고 말했다. 자기보다 먼저 태어난 사람이 선생(先生)이라면 나중에 태어난 사람은 후생 (後生)이다. 뒤에 태어난 후배지만 성장하고 발전할 충분한 가능성을 가지고 있기 때문에 공 자는 뒤따라오는 후배들을 무서워할 줄 알아야 한다고 경고하고 있다. 이 말은 반대로 하면 상사가 두려워할 만큼 실력을 쌓으라는 의미도 된다.

論語 뛰어난 부하 뒤에는 뛰어난 상사가 있다

쪽(藍)에서 나온 물감이 쪽보다 더 푸르다는 청출어람(靑出於藍)이라는 말을 우리는 흔히 쓴다. 비슷한 말로 얼음은 물로 만들어졌지만 물보다 더 차다는 빙한어수(氷寒於水)라는 말도 있다. 세상에는 항상 스승보다 뛰어난 제자들이 있고, 선배보다 뛰어난 후배들이 있기 마련이다. 상사보다 나은 부하 역시 얼 마든지 존재한다. 올림픽 동메달리스트인 코치가 금메달 선수를 키워내고, 선 배가 이루지 못한 것들을 후배들이 이루어내며, 상사가 풀지 못하는 수많은 난제를 부하사원들이 멋지게 풀어내는 경우도 많다. 노력하는 제자는 스승을 넘어서고, 노력하는 후배는 선배를 이겨내며, 노력하는 부하사원은 상사의 실 적에 핵심이 된다.

부하가 뛰어나면 상사의 입장에선 당연히 좋은 일이다. 유능한 부하직원을 많이 둘수록 그 상사의 실적에도 도움이 되기 때문이다. 많은 기업에서 인재 채용에 그토록 신경을 쓰는 이유도 여기에 있다. 치열한 경쟁을 통해서라도 뛰어난 인재를 찾고 싶은 것이다. 신입사원 입문 교육이 끝나고 부서배치를 할 때 조금이라도 스펙 좋고 인성 좋은 신입사원을 배정받기 위해 치열하게 노력하는 부서장들이 그것을 말해준다.

하지만 후배의 입장에서 보면 입사할 때 아무리 뛰어난 실력으로 주목을 받았다 해도 부하직원을 잘 이끌어주는 좋은 상사를 만나지 못한다면 실력을 키우기 힘든 것이 사실이다. 일 잘하는 사람을 보면 대부분 그의 상사가 누구인지를 생각하게 한다. 공자가 칭찬을 아끼지 않았던 제자 안회(顔回)도 그 뒤에 공자가 있었기에 그만한 실력이 가능했다는 것을 알아야 한다. 그 누구도 혼자 스스로 훌륭해지는 경우는 없다. 선배가 두려움을 느낄 수 있을 만큼의 실력을 쌓을 수 있기까지에는 본인의 노력도 중요하지만 선배나 상사의 각별한 도움 없이는 불가능한 일인 것이다.

신입사원이나 경력이 얼마 되지 않은 사원들은 아무리 치열한 경쟁을 뚫고 살아남았다 하더라도 선배의 입장에서 보면 부족하고 허술해 보인다. 하지만 그렇다고 성장하는 후배에게 핀잔이나 주고 지금 자기가 갖고 있는 지식이나 경험이 대단한 자산인 양 우쭐대는 선배 옆에는 결코 뛰어난 후배가 존재할 수 없다. 후배의 가능성을 알아보고 그를 성장시켜주는 데 일조를 하는 그런 선배만이 실력 있는 후배를 키운다.

선배 입장에서는 누군가에게 좋은 선배나 상사가 된다는 것이 결코 쉬운 일이 아니다. 후배나 부하사원의 성장이나 경력개발을 지도하고 책임을 지는 선배나 상사의 입장에서는 더욱 그렇다. 후배를 지도하는 것이 중요한 업무 중의 하나이기는 하지만 한편으로는 그 후배에게 추월을 당해선 삶이 난감해지기 때문이다. 그러니 상사나 선배의 입장에서도 배우기를 게을리해서는 안 된다. 후배나 부하를 이끌어주면서 본인 스스로도 그들에게 뒤처지지 않도록 부단히 노력을 해야 하는 것이다.

論語 선배들보다 더 큰 꿈을, 더 큰 목표를 가져라

후생가외(後生可畏)라는 말은 그럭저럭 공부하고 보통의 기업에 입사하여 적당한 일을 하고 있는 평범한 3040대 직장인에게는 필요한 말이 아닐지도 모른다. 이 말은 요즘으로 치면 15세 중학교 때 인생과 학문에 뜻을 세워 피나는 노력으로 30세에 박사학위 정도의 성과를 이루고 한 분야에 홀로 설(而立) 정도의 실력을 갖춘 공자나, 공자가 인정하는 안회(顏回) 같은 출중한 실력가들에게나 어울리는 말이라고 생각할 것이다. 전략도 없고 변변한 멘토도 없고 인생을 끌어줄 상사나 선배도 없는 평범한 직장인에게 과연 후생가외(後生可畏)의 길이 있을까.

잘 생각해 보면 입사와 동시에 주목을 받았다고 해도 반드시 좋은 스펙을 가진 사람만이 업무에서 뛰어난 실력자가 되는 것은 아니다. 입사 당시에는 그다지 눈에 띄는 실력을 가지고 있지 못했더라도 시간이 지나면서 어떤 태도로 업무에 임했는가에 따라 능력 있는 부하가 되기도 하고 고문관이 되기도 한다. 처음에는 그 가능성을 인정받았다 해도 가능성만 있다고 누구나 선배들에게 두려움의 대상이 될 수 있는 것은 아닌 것이다. 가능성은 있지만 낮은 자세로 배우려 하지 않는다면, 패기는 있지만 배우려 하지 않는다면 그들은 결코 두려움의 대상이 될 수 없다.

그러니 선배들로부터 두려움의 대상이 될 만큼 뛰어난 실력자가 되고 싶다면 자신이 선배들이 두려워 할 만큼의 큰 목표나 꿈을 가졌는가를 먼저 생각해 보아야 한다. 사원에서 대리가 되고 시간이 지나 과장이 된다고 해서 두려움의 대상이 되는 것은 아니다. 5년 선배 앞에 섰다면 그 선배가 5년 전에 품었던 꿈보다 더 큰 꿈을 품어야 한다. 10년 앞선 상사 앞에 섰다면 그 상사가 10년 전에 세웠던 목표보다 더 큰 목표를 세워야 한다.

누구든 특별한 노력 없이 시간만 보내고 나이만 먹는다고 이름이 날 만큼 명성을 얻을 수 있는 것은 아니다. 목표와 꿈 없이 의미 있는 미래를 만들 수 있는 사람은 없다. 남다른 명성 뒤엔 평범함을 넘어서는 비범한 노력의 시간이 있었음을 기억해야 한다.

공자는 사십오십이무문언 사역부족외야이(四十五十而無聞焉 斯亦不足畏也已), 즉 40이 되고 50이 되어도 명성이 들리지 않는다면 이 또한 두려워할 것이 못 된다고 말했다. 20대 후반이나 30대 초반에 기업에 입사하여 20년, 30년이 지난 40세나 50세에도 명성이 들리지 않는 사람이라면 그는 선배들에게 두려움이 대상이 될 만한 실력자가 되지 못했음을 의미하는 것이다.

직장인으로 살면서 선배들에게 경외심을 일으킬 만한 후배로 기억되기 위해서 3040 직장인에게 남아 있는 가용 가능한 시간은 10년 남짓이다. 이 10년을 어떻게 보내느냐가 앞으로의 인생을 좌우한다고 봐야 한다. 비범한 노력으로 선후배에게 존경이나 경외의 대상이 될 수 있도록 자신을 만드는 시기도 이 기간이고, 선후배에게 무시를 당하면서 존재감을 느낄 수도 없는 참혹한 인생 후반전을 보내게끔 만드는 것도 이 기간이라는 것을 잊어서는 안 된다.

4부

다가올 나의

미래를 점검하라

吾十有五
而志于學
三十而立

공자가 말했다.
15세에 학문에 뜻을 두었고
30세에 뜻을 세웠다.

오 십 유 오 　‖ **논어** 위정편 제4장
이 지 우 학
삼 십 이 립

子日 **"나는 열다섯에 학문에 뜻을 두었으며, 서른에 일어섰다. 마흔에는 마음이 흔들리지 않았으며, 50에는 하늘의 명을 알게 되었다. 60에는 그 어떤 말을 들어도 이해를 했으며, 70이 되어서는 하고 싶은 대로 해도 세상의 법도에 어긋남이 없었다."**

공자 보다 약 400년 후에 태어난 한나라 사마천은 BC91년 『사기(史記)』를 편찬하면서 「공자세가 孔子世家」편에서 공자를 이렇게 정리했다.

"공자는 어려서 가난하고 천했다. 첫 번째 직업은 창고지기였고 주나라에서 노자를 만나고 다녀온 뒤 제자들이 늘어났다. 삼십대 중반에 제나라를 방문했으며 50대 초반에 처음으로 공직에 나가 중도재, 사공을 거쳐 지금의 법무부 장관에 해당하는 대사구가 되었다. 자의반 타의반 노나라를 56세에 떠나 14년 동안 7개 나라를 떠돌아다니다 68세에 돌아와 73세까지 살면서 예악을 정비하며 춘추를 지었다."

하지만 공자 스스로는 자시의 삶에 대해 이렇게 말했다.

"어려서 비천했지만 나는 15세에 학문에 뜻을 두고 15년을 정진하여 30이 되면서 스스로 자립을 했다. 경제적, 가정적, 사회적, 학문적 자립을 했다. 40이 되어서는 사람을 보면 제대로 그를 제대로 평가할 수 있을만한 지혜를 가지게 되어 흔들리지 않게 되었으며, 50이 되어서 드디어 하늘이 내린 스스로의 천명을 알게 되었고, 60이 되어서는 누가 어떤 이야기를 해도 귀에 거슬리지 않게 되었고, 70이 넘어서는 하고 싶은 대로 해도 세상의 법도에 어긋나지 않았다."

🏛️ 인생의 여섯 단어

'10대는 철이 없다. 20대는 답이 없다. 30대는 집이 없다. 40대는 내가 없다. 50대는 일이 없다. 60대는 돈이 없다. 70대는 낙이 없다. 80대는 힘이 없

다. 90대는 앞이 없다.'

극소수기는 하지만 가끔 TV에 등장하는 어른보다 무서운 중학생 10대 학생들, 대 여섯 개의 스펙을 준비해도 들어가기 어려운 취업 문턱에서 힘겨워하고 있는 20대 청년들, 내 집은 커녕 때만 되면 올라가는 전세비용에 허리가 휘는 30대 부부들, 뼈 빠지게 일해도 휴일조차 편히 쉴 수 없는 40대 가장들, 50도 되기 전에 일터에서 밀려나는 50대 중년들, 그나마 일도 없고 돈도 없는 60대 장년들, 일도 없고 돈도 없고, 갈 곳도 없어 인생의 즐거움이 없는 70대 노인들, 힘도 없는 80대 90대 어르신들의 모습에 참으로 살기에 빡빡한 세상이 아닌가라는 생각이 든다.

언젠가 우리가 일흔이 되었을 때 단 여섯 단어로 지금까지의 인생을 정의해보라는 과제를 받는다면 우리는 무엇으로 그 여섯 단어를 채울 수 있을까? 장편소설보다도 더 많은 우리의 인생 스토리를 단 여섯 단어로 줄여 쓰라하면 어떤 것에 인생의 방점을 찍어야 할까?

어떤 사람은 학력중심으로 학사, 석사, 박사, 교수, 정년, 노후라 쓰고, 어떤 사람은 경력중심으로 중소기업, 대기업, 창업, 중견기업, 정년, 노후라 쓰고, 어떤 사람은 사람중심으로 애인, 결혼, 자식, 부모, 손자, 노후라 쓰고, 누구는 경제중심으로 월급, 주식, 부동산, 이자, 정년, 노후라 쓰고, 누구는 정치중심으로 비서, 시의원, 도의원, 국회의원, 장관, 노후라 쓰고, 누구는 사업 중심으로 벤처, 소기업, 중소기업, 중견기업, 대기업, 노후라 쓰고, 누구는 농업중심으로 땅, 곡식, 추수, 농사, 노동, 노후라 쓸지도 모른다.

또 어떤 사람은 그냥 이력서를 쓰듯 초등학교, 중학교 고등학교 대학을 졸업하고, 서른에 취업하여 직장을 잡았고 서른다섯에 결혼하여 아이를 하나 두게 되었다. 마흔이 되자 차장으로 승진하였고, 오십이 넘자 바로 명예퇴직을 하여 또다시 일자리를 찾아 나서게 되었으며, 육십이 되자 단순 일자리마저 사라지게 되니 호구지책이 백척간두에 서게 되었다. 칠십이 되자 힘 빠지고 돈 없고 인생무생이라. 엄동설한 촛불 들고 광화문에 앉을 때는 이 시간이 지나면 큰 변화가 올 것으로 기대를 했지만 '혹시나'가 '역시나'로 끝나는 것 같아 역시 인생은 무상이라고 쓸지도 모른다.

여섯 단어의 인생기록을 단 한 단어로 줄이라 하면 무엇이 남을까? 무엇을 이루었는지, 무엇을 달성했는지, 무엇을 남겼는지도 의미가 있겠지만, 어느 때 가장 열정적으로 시간을 보냈는지, 무엇을 하면서 가장 행복한 시간을 보냈는지, 누구와 그 시간을 함께 보냈는지, 혹시 이런 것은 아닐까라는 생각이 든다.

공자는 그의 인생 여섯 단어를 이렇게 썼다. 지우학(志于學), 이립(而立), 불혹(不惑), 지천명(知天命), 이순(耳順), 불유구(不踰矩). 공자는 서른에 일어서 경제적 독립, 학문적 독립, 예(禮)라는 사회의 규범을 기반으로 한 사회적 독립을 했다. 마흔에 세상의 흔들림에 흔들리지 않는 지자(知者)가 되었고, 50에 인자(仁者)가 되어 천명이 무엇인지를 알았다.

論語 30, 뜻을 세우기에 가장 좋은 나이

입사한 지 얼마 되지 않은 직장 초년생들이 그 어렵게 들어 간 일자리를 박차고 나오는 경우를 자주 본다. 서른이면 인생의 확고한 방향이 서 있어야 하고 이미 뜻을 반쯤은 이루고 있어야 할 나이인데 그 시기에 회사를 박차고 나간다면 언제 이립(而立)을 할지가 궁금해진다.

마흔에 자신의 커리어에 흔들림이 없으려면 최소 10년 전인 서른에는 몇 년 정도의 목표를 확실하게 정해야 한다. 그래야 적어도 10년이라는 정진 할 수 있는 시간을 가지게 된다. 서른에 뜻을 세우면 마흔의 불혹도 넘볼 수 있는 자신감이 생긴다. 10년이라는 기간은 한 분야의 전문가가 되는 데 충분한 시간은 아니지만 그렇다고 부족한 시간도 아니기 때문이다.

서른에 뜻을 세우고 10년 만인 마흔의 나이에 공자는 불혹이 되었다. 흔들리지 않는 확고한 신념을 갖게 되어 세상의 그 어떤 매력적인 것에도 유혹당하지 않을 만큼의 경지가 되었다. 이는 돈의 유혹, 주색의 유혹, 명예나 권세의 유혹에 흔들리지 않는 상태, 더 나아가 사람을 제대로 알 지 못해 만들어지는 인간관계의 화(禍)로부터 자유로운 상태를 의미한다. 지식도 지식이지만 밝은 판단력의 지혜로 자기만의 확실한 기준을 가지게 된 것이다.

한 분야의 전문가로 자립한 이립(而立) 이후 10년 동안 공자도 많은 갈등과 고민을 했을 것이다. 다른 일을 했더라면 더 좋은 성과를 내지 않았을까, 내게도 다른 재능이 더 있었던 건 아닐까 하는 식의 마음의 흔들림이 있었을 수도 있다. 하지만 공자는 그것을 마흔에 털어낸 것이다.

이처럼 40대에 불혹의 길을 걸어온 공자는 50대에 질적 도약을 하게 된다. 자신의 사명을 깨닫고 더 높은 이상을 추구하는 '지천명'에 이르게 된 것이다. 다른 사람이 비난하거나 때로 그릇된 길로 이끌며 유혹해도 자신 의 주관을 갖고 중심을 지켜낸 것이다.

論語 '30 혼돈'의 결과는 '40 명퇴'로 이어진다

공자의 '15 지우학, 30 이립, 40 불혹, 50 지천명, 60 이순, 70 불유구'를 현대 직장인의 인생 매듭에 대입해 보면, 중고(中高) 혼미(昏迷), 대학(大學) 스펙, 30 혼돈(混沌), 40 명퇴(名退), 50 지우학(志于學), 60 이립(而立), 70 불혹(不惑) 80 지천명 (知天命) 순으로 바뀌지 않을까라는 생각이 든다.

지금 우리의 현실 속에서 공자가 학문에 정진했던 15세 이후에 진심으로 학문에 뜻을 두고 인생의 꿈과 분명한 방향을 설정하고 진로를 결정하는 중고생이 과연 몇이나 있을까. 국영수에 밀려 음악과 체육시간도 쓸 수 없는 학교생활과 방과 후 이곳저곳 학원에서 나머지 시간의 대부분을 보내고 있는 중고생들에게는 미래를 생각할 겨를이 없다. 혼미한 시간의 연속이다. 몇몇 우수한 고등학교가 아니면 일류대학은 이미 중학교 때부터 물 건너감을 직감하는 그들에게 인생의 참된 꿈과 방향을 설정할 생각의 시간은 주어지지 않는다. 설사 대학에 무사히 진학했다 할지라도 대학 역시 취업을 위한 스펙을 만드는 학원이 된 듯 인문 지성은 사라진지 이미 오래되었다.

그러니 '30 이립'은 까마득하다. 지금으로 치면 공자는 서른 살에 박사 학위를 받고 스스로 자립을 했다는 것인데 혼미와 스펙으로 얼룩진 현대 젊은이들의 서른 살은 혼돈인 시대가 되었다. 대학을 나와도 취업도 못하는 이런 불안정한 구조 속에서 30대의 삶은 혼란스럽기만 하다. 30 혼돈의 결과는 40 명퇴로 이어지고, 40 명퇴 후 어려운 10년을 보내면서 '이게 아닌데, 인생을 이렇게 살아서는 안 되는데'를 되뇌면서 50이 된다.

論語 서른부터 10년이 절호의 기회이다

직장의 안정을 보장하면서 정년퇴직 후의 안정까지도 보장 받는 공무원이라면 몰라도 그렇지 않은 평범한 직장인이라면 정년이 보장되지 않는 치열한 경쟁 속에서 스스로 살아남는 법을 배워야 한다. 기업에 입사한 후 초기 10년 정도의 안정적인 기간이 지나면 이후로는 평생 동안 고용의 불안정 속에서 인생을 살아가야 하는 것이 직장인의 일반적인 패턴이다. 여성의 경우 대략 35세, 남성의 경우는 대략 40세부터가 그 시작이다. 이 시기가 되면서부터 대부분의 직장인들은 고용불안에 직면하게 된다. 그러므로 이 시기가 닥치기 전 10년이 일반 직장인에게 가장 중요한 시기라는 것은 아무리 강조해도 지나치지 않는다. 하지만 불행하게도 이 기간이 중요하다고 생각하는 직장인은 그리 많지 않다. 비슷한 경력의 공무원들보다 당장은 연봉이 좀 많아 보일 수도 있다는 자기 위안에 눈 깜짝 할 사이에 이 중요한 10년이라는 시간을 그야말로 탕진하고 만다. 언제까지나 봄날이 계속될 것이라는 착각 속에서 세월을 허송하게 된다.

하지만 지금 30대 직장인이라면 지금부터라도 충분히 도전해 볼 만하다. 30대 이전까지 어떤 시간을 보냈다 하더라도 상관없다. 지금 어떤 직장에서 어떤 일을 하고 있는가도 크게 상관없다. 지금부터 10년 전략을 잘 세울 수 있다면 아직 희망이 있기 때문이다. 하지만 이 시기가 지나가면 그 기회는 사라진다는 것, 이 시기를 놓치면 앞으로 두 번 다 시는 자신의 인생을 재설계할 기회를 얻기가 힘들어진다는 사실을 기억해야 한다.

50 지천명(知天命)

공자는 주역을 공부하면서 자신의 운명과 하늘의 천명을 알게 되었다. 과연 공자의 천명은 무엇이었을까? "문왕(文王)이 나에게 문(文)을 부흥시키라 했다. 전쟁의 춘추시대를 평화의 동주(東周)시대로 되돌려 놓으라 했다" 이것이 공자가 생각한 하늘의 명령이었다.

제후국의 왕들이 천자를 무시하고, 나라의 대부들이 왕을 죽이는 문(文)보다는 무(武)가 판치는 예와 덕이 사라진 춘추시대였다. 주나라를 창건했던 문왕, 무왕의 예와 덕이 살아있는 평화로운 시대로 바꾸어야하는 시대적인 소명을 공자는 자신의 천명으로 생각한 것이다. 때가 오고 있음을 나이 오십이 지나면서 알게 된 것이다. 나라에 중책을 맡게 된다면 먼저 노나라만이라도 나라다운 나라로 만들어야 한다는 것을 하늘의 명으로 삼았다. 공자는 춘추시대 현실 상황에 불만이 많았다. 그래서 개혁을 원했다. 그것은 먼저 군주의 마음을 움직여야 가능한 일이었기에 천명이란 강력한 도구를 활용하여 개혁을 하고 싶어 했다.

나이 오십이 넘어 작은 성읍(城邑)의 중도재(中都宰)라는 벼슬을 하게 된다. 이듬해 공자는 소사공(小司空)으로 승진하여 건설, 치수, 농축 산업을 담당했다. 정공으로부터 그 능력을 인정받아 얼마 지나지 않아 법무를 담당하는 대사구(大司寇)가 되어 재상의 업무까지 겸직을 하게 되었다. 공자의 정계 등장으로 인해 노나라는 빠르게 질서가 잡혀가고 있었다. 제나라와는 협곡회맹(峽谷會盟)을 통해 빼앗겼던 영토를 찾아오는 쾌거를 이루기도 했다. 공자는 먼저 노나라의 정치를 농락하는 빅3 (맹손씨, 숙손씨, 계손씨)를 타도하여 조국인 노나라를 정상국가로 돌려놓고 싶었다. 왕(정공)과 함께 빅3를 타도하던 중 공자와 왕은 역으로 코너에 몰리게 되고 설상가상으로 이웃 강국인 제나라의 공작 정치가 노골화 되었다.

제나라의 농간에 정신 못 차리는 노나라 대부들을 보면서 더 이상 희망이 없음을 직감하고 공자는 노나라를 떠나게 된다. 조국인 노나라에서는 천명을 수행하지 못했지만 공자는 포기하지 않고 방문하는 나라마다 그의 천명을 펼

쳐보고 싶어 했다. 사람다운 삶이 있는 나라, 예와 도덕이 살아있는 평화로운 천하를 만드는데 목숨을 바쳐야 한다는 바위 같은 천명이 그를 위험한 험지로 몰아내고 있었다. 공자의 천명은 한마디로 인(仁)의 세상을 만드는 것이었다.

공자의 인(仁)이란 무엇일까? 논어에서는 인을 이렇게 말한다. 내가 하기 싫은 것은 다른 사람도 하기 싫을 것이니 그런 것은 다른 사람에게 시키지 마라 (기소불욕 물시어인 己所不欲勿施於人). 내가 일어서고 싶으면 다른 사람을 먼저 세우고, 내가 달성하고 싶으면 다른 사람을 먼저 달성시켜라 (기욕입이입인 기욕 달이달인 己欲立而立人 己欲達而達人). 인(仁)은 사람을 사랑하는 마음(愛人)이라고도 하고 용서(容恕)의 서(恕)라고도 한다.

인(仁)이란 누군가에겐 서(恕)다. 용서하는 마음, 너와 내가 하나가 되는 마음이다. 인(仁)이 누군가에겐 애(愛)다. 사랑하는 마음, 자식을 사랑하는 마음, 부모를 사랑하는 마음, 연인을 사랑하는 그 마음이 바로 인(仁)한 마음이다. 인(仁)이 누군가에겐 성(誠)이다. 정성스런 마음, 수순수한 마음, 참된 마음이 바로 인(仁)한 마음이다.

정치한다는 사람들 중에 내가 아닌 다른 사람을 위해 일하는 사람이 얼마나 될까? 사업하는 사람들 중에 내가 아닌 다른 사람을 위해 일하는 사람이 얼마나 될까? 가르치는 사람들 중에 내가 아닌 다른 사람을 위해 일하는 사람이 얼마나 될까? 공직자 중에 내가 아닌 다른 사람을 위해 일하는 사람이 얼마나 될까?

사람들은 대부분 자기를 위해 일하고 있다. 그럼에도 불구하고 본인이 좋아하거나 하고 싶은 일을 대부분 하지 못한다. 공공을 위한 일이라고, 타인의 이익을 위한 일이라고, 그렇게 천명을 하면서도, 정작 자신에게는 천명이 아님을 스스로 고백하고 있는 꼴이 되고 만다.

그러니 50엔 조금 더 솔직해져야하지 않을까? 꾸밈없이 스스로에게 물어야한다. "나의 천명은 무엇인가?" 비록 타인을 위한 대단한 가치가 아닐지라도, 최소한 스스로 만족 할 수 있는 그런 가치를 선택해, 자신의 천명으로 명명하고 정해야 할 때가 오십이 아닌가라는 생각이 든다.

공자는 오십에 인(仁)의 세상을 만들라는 그 천명을 알았다고 고백했다. 논어 마지막 편에서는 명(命)을 모르면 군자가 될 수 없다 (부지명 무이위군자야 不知命 無以爲君子也)고도 했다. 천명을 알지 못하면 군자가 될 수 없다는 말이다. 공자는 오십에 인(仁)의 세상을 만들라는 그 천명을 알았기에 50에 군자(君子)가 되었다.

論語 50 나의 천명(天命)은 무엇인가?

천명은 시간이 해결해주는 것도, 나이를 먹으면 스스로 알게 되는 것도 아니다. 그 뜻이 하늘에 있는 것도 아니고 땅속에 있는 것도 아닌 우리 마음속에 있다면, 그것을 어떻게 밝히느냐가 문제일 것이다. 어떤 사람은 신을 통해 알았다고 하고, 어떤 사람은 자식을 통해 알았다고 하며, 또 어떤 사람은 여행을 하면서 알게 되었다고도 한다. 스승을 통해, 기도를 통해, 명상을 통해, 부모를 통해, 돈을 통해, 잘못을 통해 알았다고도 한다. 천명을 알면서 살아가는 것과 천명이 무엇인지도 모르면서 살아가는 것 중에 어느 것이 더 행복한 삶이라고 말하기는 어렵지만, 그래도 자신의 천명이 무엇인지 알면서 살아가는 것이 조금 더 의미 있고 행복하다면 어떻게 그 천명을 알 수 있을까?

천명은 신이, 자식이, 부모가, 여행이, 스승이, 기도가, 명상이, 돈이, 잘못이 주는 것이라기보다는 그런 다양한 경험을 통해 자기 스스로가 선택하는 것이다. 자기가 결정하고 자신이 정해, 꾸준히 진행해나가면 그 모습을 본 주변 사람들은 그것을 천명이라고 말해주는 것이다. 그러니 천명은 하늘이 내리는 것이 아니라 자기가 정하는 것이다. 천명은 하늘의 명령이 아니라 내가 정하고 그것을 하늘의 명령으로 생각하여 밀고 나가는 것이다. 선택의 주도권은 하늘이 있는 것이 아니라 자기 스스로에게 있으니 천명은 선택의 문제지 하늘의 문제가 아닌 것이다.

어쩌면 50이라는 나이가 천명을 정하기에 가장 적당할지도 모른다. 40이 생각하기에는 아직 10년이나 남았기 때문에 안도의 한숨이 나올지도, 60이 생각하기에는 이미 늦었다고 생각할지도 모르지만 그렇지 않다. 40에 천명을 정한다면 더 할 나위 없이 다행스런 일이고, 60에 천명을 정한다고 해도 늦음이란 없다. 지금 40이라면 40이 천명을 정하기에 가장 적당한 나이고, 지금 50이라면 50이 천명을 정하기에 가장 적당한 나이, 지금 60이라는 60이 천명을 정하기에 가장 적당한 때인 것이다.

20대는 어려서 선택을 못했고, 30대는 혈기에 선택을 못했고, 40대는 일에 치여 선택을 못했다면, 공자처럼 50이 천명을 정하기에 적정할지도 모른다. 다행스럽게도 요즘은 50이 되도 천명을 이룰 어느 정도의 시간적 여유가 있기 때문이다. 60, 70, 80세까지 그리고 90세 그리고 어쩌면 100세까지도 살아가는 것이 가능하기 때문이다. 20처럼 힘이 솟는 것은 아니지만, 20처럼 인생을 모르는 것은 아니기에 유리하다 30처럼 혈기가 충천하지는 못하겠지만 30처럼 좌충우돌 하지 않아도 되기에 더욱 좋다. 40처럼 몰입하지는 못하겠지만 40처럼 여러 가지 고민을 하지 않아도 되기 때문이다. 50세는 50세만큼의 인생 경험이 있기에 천명을 정하기에 유리하다 50세는 50세만큼의 간절함이 있기에 천명을 정하기에 유리하다. 50세는 50세 만큼의 인생 공간이 있기에 천명을 정하기에 유리하다. 50세는 50세만큼의 인생 속도를 가지고 있기에 천명을 정하기에 유리하다다. 50세는 50세만큼의 숙제를 가지고 있기에 천명을 정하기에 유리하다.

2500년 전 공자는 50부터 거의 70이 가까운 나이까지 인(仁)의 정치, 인한 세상이라는 천명을 지키려고 했다. 51세부터 55세까지는 고국인 노나라에서 그리고 68세까지는 천하를 주유(天下周遊)하면서 천명을 이루려 노력했다. 약 20여년을 뛰어들었던 것이다.

"좋아하는 일을 하고 계신가요? 아니 좋아하는 일이 무엇인가요? 조금 더 딱딱하게 물어볼까요? 인생의 목표가 무엇이지요? 인생의 꿈과 비전을 가지고 있나요? 하고 싶은 일을 하고 있나요? 가치 있는 일을 하고 있나요? 왜 그 일을 하고 있나요?"

30대 초반 신입사원들에게 질문을 해도, 30대 중반 대리나 과장들에게 질문을 해도, 40대 차장이나, 부장들에게 질문을 해도, 전직지원센터에서 전직 교육을 받고 있는 50대 퇴직자들에게 질문을 해도, 환갑을 맞이한 60대 초기 노인들에게 질문을 해도, 70대 혹은 80대 노인 분들에게 질문을 해도, 돌아오는 답은 거의 비슷하다. "아니다. 모른다."

오십이지천명 (五十而知天命) 나는 오십에 천명을 알았다. 왠지 이 말이 예사롭게 들리지 않는 이유다.

富而可求也
雖執鞭之士
吾亦爲之
如不可求
從吾所好

공자가 말했다.

부라는 것이 구해서 되는 것이라면

비록 말채찍을 잡는 사람처럼

나 역시 그런 미천한 일이라도 하겠지만

구해서 얻어지는 것이 아니라면

내가 좋아하는 것을 따르겠다.

부 이 가 구 야

수 집 편 지 사

오 역 위 지

여 불 가 구

종 오 소 호

논어 술이편 제11장

子曰 **"부가 구해서 가능한 것이라면 비록 집편지사라도 하겠지만, 구한다고 해서 되는 것이 아니라면 나는 좋아하는 바를 따르겠다."**

공자와 인(仁)은 자연스러워 보이나 공자와 부(富)는 왠지 부자연스럽게 보인다고들 하지만 논어에는 부에 관한 이야기기가 꽤 여러 번 등장한다. 부라는 것이, 돈이라는 것이 원하는 만큼 벌수만 있는 일이라면 비록 마차를 모는 마부의 일이라도 공자 스스로 하겠다고 한다. 그 어떤 비천하고 어려운 일이라도 기꺼이 하겠다는 것이다. 하지만 돈이라는 게 원하는 만큼 되지 않는다면, 부라는 것이 원하는 만큼 되지 않는다면, 공자는 차라리 다른 일을 하겠다는 것이다. 한번뿐인 인생, 소중한 시간을 되지도 않는 것에 매달려 사느니 차라리 좋아하는 일을 하면서 인생을 살아가고 싶다고 했다.

論語 나이 50에 지천명은커녕
소호(所好)조차 알 수 없다면?

3살에 아버지를 잃고 17살에 어머니마저 잃은 공자의 초기직업은 창고지기, 축사지기였다. 그러니 공자가 말했던 것이다. 나는 가족을 먹여 살리는 돈 되는 일이라면 그 어떤 일도 마다하지 않았다. 동물을 키우는 일도, 가죽 채찍을 잡는 일도, 창고지기도 말이다. 우리도 그렇다. 세상에 경제활동을 하지 않는 사람은 없다. 살아있는 사람은 누구나 일을 하며 벌어먹고 살아야하기 때문이다. 또한 그것이 떳떳한 삶이라는 것을 사람들은 배우지 않아도 알고 있다.

문제는 그것이 마음대로 혹은 원하는 대로 되지 않기 때문에 삶이 어렵고 힘들어 지는 것이다. 누구나 다 자기 나름의 노력을 한다. 인생 전반에는 더욱 그렇다. 처음엔 막연하지만 부자를 꿈꾸며 직장인이 되기도 하고 사업을 배우기도 한다. 초기에는 그 일이 좀 고되더라도 열심히 노력한다. 그러다 40이 되고 50이 되면 돈이라는 것이 원한다고 원하는 만큼 얻어지는 것이 아니라는 것을 알게 된다. 부자는 하늘이 낸다는 말에 공감하면서 자의반 타의반 조금씩 뒤로 물러서게 된다.

'이게 아닌데, 내가 원했던 인생이 이게 아닌데'라는 생각과 함께 처음으로 돌아가고 싶어진다. 다시 시작하고 싶어진다. 내가 하고 싶은 것을 하자. 어차피 충분한 돈을 벌 수 도 없다면 좋아하는 일이라도 해서 후회를 줄이자는 생각이 든다.

그러나 바로 이 지점에서 새로운 문제가 생긴다. '과연 내가 좋아하는 일이 무엇인가'에 대한 답을 쉽게 얻을 수가 없는 것이다. 종오소호(從吾所好). 내가 좋아하는 것을 따르고 싶은 마음이 간절하지만 과연 내가 좋아하는 것이 무엇인지를 알지 못하는 아주 애매한 상황이 벌어지게 된다. 시간은 빠르게 지나가는데 인생은 더욱 초초해지는 50대를 준비 없이 맞게 되는 상황이 벌어진다. 나이 50이 되면 자연스럽게 지천명(知天命)이 되는 줄 알았지만 지천명은커녕 좋아하는 것, 소호(所好) 조차 알 수 없다는 것에 더 큰 혼란을 느끼게 된다.

📖 인생의 방향이 없으면
가고 싶은 곳이 아니라 갈 수 있는 곳에 간다

부이가구야(富而可求也)는 20대를 위한 가정문(假定文)이 아니다. 20대에게 미래의 부는 가정문이 아니라 긍정문이기 때문이다. 설사 당장은 경제적인 어려움을 겪는다고 해도 젊음이 가진 미래의 희망은 현실의 어려움을 뛰어넘게 한다. 대신 20대에는 부가 아닌 인생의 목표를 생각해야 한다. 돈보다는 미래에 이룰 자신의 꿈을 세워야 미래의 부가 그들의 것이 된다. 그러므로 20대에 놓치지 말고 해야 할 가장 중요한 일은 인생의 방향을 정하는 일이다. 그런 다음 여력이 된다면 뜻을 세우는 것이다.

하지만 우리의 현실은 어떤가. 대학을 졸업해도 인생의 방향을 정한 채 졸업장을 받는 사람들은 드물다. 학교를 졸업하면 대부분 취업을 생각한다. 무언가 거창한 목표를 갖고 취직을 하는 것이 아니다. 졸업을 했으니 취직을 하는 것이다. 모두가 취직을 하니까, 당장 먹고 살아야 하니까 직업을 갖는다. 인생의 방향이 없으니 가고 싶은 곳이 아니라 취업이 가능한 곳에 서둘러 취업을 하는 것이다.

이런 상태로 맞게 되는 30대에게 돈은 현실이 된다. 좋아도 돈을 벌어야 하고 싫어도 돈을 벌어야 한다. 희망이 있어도 출근을 해야 하고 희망이 없어도 출근을 해야 한다. 그게 삶이기 때문이다. 30대 직장인들 중 '아주 큰 부자'가 되겠다는 목표를 가진 이는 드물다. 그저 약간의 경제적인 여유 정도에 만족을 한다. 20대에 인생의 방향을 정하지 못한 채 사회에 나와 자신의 목표가 무엇인지도 모른 채 삶의 전선에 뛰어들었기 때문이다.

그리고 마흔이 되기 전에 그들은 이미 돈이란 원한다고 얻어지는 것이 아니라는 사실을 몸으로 체득하게 된다. 매달 자신의 필요보다 약간 적은 월급을 받으면서 100만 원만 더 받는다면, 아니 딱 50만 원만이라도 더 받는다면 행복할 것 같은 희망을 달고 살아간다. 하지만 그 50만 원, 100만 원이라는 것이 쉽게 얻을 수 있는 돈이 아니라는 것을 누가 새삼 말해 주지 않아도 알게 된다.

세상에는 구해서 얻어지는 것이 있고 구해도 얻어지지 않는 것이 있다는 것을 절감하면서 40대를 넘기다 보면 어느새 상황은 급속도로 나빠지게 된다.

어느 날 갑자기 자의반 타의반 명예퇴직이라는 거대한 벽을 마주하게 되는 것이다. 도대체 큰 욕심 없이 성실하게 살아온 자신에게 왜 이런 말도 안 되는 상황이 벌어지는지 자조도 해보지만 이미 때는 늦었다.

🏛 지금부터라도 스스로에게 소호를 물어라

그런데 더 심각한 문제는 이제부터다. 나이 오십이 다 되어 하던 일을 내려 놓고 무작정 고향으로 내려갈 수는 없다. 그렇다고 갑자기 붓을 들고 그림을 그릴 수도 없고 밴드를 구성해 노래를 부를 수도 없는 일이다. 무엇보다 자신이 좋아하는 일이 무엇인지도 모르겠고 설사 안다고 해도 현재 상태에서 무작정 좋아하는 일로 방향을 바꿀 수도 없는 현실 앞에서 좌절한다.

공자는 종오소호(從吾所好)라고 했다. 좋아하는 것을 따라 그렇게 인생을 살았다. 하지만 오늘날의 직장인 중에서 과연 공자의 그 길을 따라갈 수 있는 사람이 몇 명이나 있을까. 만약 20대에 인생의 큰 방향을 정했다면 어땠을까. 30대에 자신이 진정 좋아하는 일이 무엇인가 미리 생각하고 차근차근 준비를 해왔다면 어땠을까. 만약 그랬다면 나이 50에 인생의 방향조차 잃어버리는 지금과 같은 혼란은 물론 없었을 것이다.

그런데 한번 생각해보자. 어차피 준비 없이 맞이한 혼란이라면 40이 되고 50이 된 지금이라도 자신의 인생의 방향을 생각해보고 자신이 진정 좋아하는 일이 무엇인지 스스로에게 물어보는게 낫지 않을까. 너무 늦었다고 포기하는 것보단 지금이라도 자신이 좋아하는 일에 한번 뛰어들 어보는 것이 더 나은 선택이 아닐까. 나이 50이 넘어서도 자신이 좋아 하는 일을 하지 못한다면 60에도 70에도 그것은 불가능할 확률이 높다.

물론 나이 50이면 무엇인가 새로운 것을 시작하기에는 너무 늦은 나이일지도 모른다. 어쩌면 지금까지 성취해놓은 것을 더욱 꽉 붙드는 것이 더 현명한 길일지도 모른다. 하지만 자신의 의지와 상관없이 그것을 놓아야 하는 상황이 온다면 어쩔 수 없이 새로운 도전을 할 수밖에 없다. 그렇다고 무작정 사업을 시작하는 것도 엄청난 위험부담이 따른다. 바로 이럴 때 자신이 좋아하는 일이 무엇인지가 필요한 것이다. 바로 이럴 때 새로운 일이 아닌 좋아하는 일을 생각해 보아야 하는 것이다.

자신이 좋아하는 일을 작게 시작하면 경제적인 위험부담도 줄어든다. 또 하고 싶고 좋아하는 일은 할수록 재미있고 시간을 들일수록 성과도 좋아진다. 우리나라도 이미 100세 시대를 맞이했으니 남은 50년은 명퇴 걱정 없이 그 일에 집중할 수 있다. 설사 여러 가지 현실적인 문제로 자신이 좋아하는 일이 안정된 생계수단이 되지 못해 오직 그 일에만 집중할 수가 없다 해도 크게 문제될 건 없다. 하루에 단 한 시간이면 어떤가. 자신이 진정 원하고 좋아하는 일을 한다면 그 한 시간이 남은 50년 동안 자신에 게 가져다줄 만족감이 얼마일지 생각해 보라.

論語 종오소호를 찾아가는 길

종오소호(從吾所好)는 두 가지의 해석이 가능하다. 원하는 만큼 부를 이룰 수 없음을 안다면 이제는 좋아하는 일을 하라. 원하는 만큼 부를 이루고 싶다면 이제는 좋아하는 일을 하라

#1 종오소호 從吾所好

나름 최선을 다했음에도 불구하고, 원하는 만큼의 부를 이룰 수 없음을 안다면 더 이상의 시간을 허비하지 말고, 이제부터는 정말 자신이 하고 싶은 좋아하는 일을 시작해야 하지 않을까? 천년만년 사는 인생도 아닌데, 얼굴 찡그려가면서 그렇게 살아갈 순 없는 것이다. 이렇게 살아도 한평생, 저렇게 살아도 한평생, 유한한 삶의 시간을 그렇게 살아갈 순 없는 것이다.

시인을 꿈꾸었으나 그 연봉 때문에 지금까지 시 쓰기를 포기했었다면
화가를 꿈꾸었으나 그 연봉 때문에 지금까지 그림 그리기를 포기했었다면
가수를 꿈꾸었으나 그 연봉 때문에 지금까지 노래 부르기를 포기했었다면
여행을 꿈꾸었으나 그 연봉 때문에 지금까지 떠남을 포기했었다면
농부를 꿈꾸었으나 그 연봉 때문에 지금까지 농사를 포기했었다면
작가를 꿈꾸었으나 그 연봉 때문에 지금까지 글쓰기를 포기했었다면

더 늦기 전에 시를 쓰면서, 그 줄어든 연봉보다 더 큰 행복을 찾아야 하지 않을까? 그림을 그리면서, 노래를 부르면서, 여행을 하면서, 농사를 지으면서 글을 쓰면서 그것 때문에 줄어든 연봉보다 더 큰 인생의 의미를 찾아야 하지 않을까?

지금이 아니면 언제일까? 내가 아니면 누가일까? 단 한번뿐인 우리의 삶이기 때문이다. 어느 정도 인생의 숙제가 정리된 듯 보인다면 그게 꼭 50이 아니어도, 혹은 60이 아니어도, 혹은 70이 아니어도 가능하다. 종오소호에는 정해진 시간이 없기 때문이다. 행복은 시간의 길이에 비례하는 것은 아니기 때문이다.

#2 종오소호 從吾所好

마음에 드는 일은 아니었으나 처음엔 취업 때문에 그 일을 시작하고 그 다

음엔 월급 때문에 그 일을 계속하고, 그 다음엔 연봉 때문에 그 일을 그만둘 수 없었고 그 다음엔 경력 때문에 그 일이 굳어진다. 그런데 10년이 넘어도 혹은 20년이 넘어도 일은 일일뿐 그 일이 좋아지지 않는다면 다음 선택은 무엇일까? 그 다음 방도는 무엇일까?

지금까지 해왔고, 지금도 이왕 하는 일이라면 그 일에 대한 나의 생각을 바꾸어 보는 것은 어떨까? 그 일을 좋아할 수는 없을까? 그 일을 계속하면 어떤 장점이 있을까? 그 일을 계속하면 어떤 강점이 생길까? 그 일의 전문가라는 소리를 듣게 된다면 어떤 일이 벌어질까? 일에 대한 특별한 애정 없이도 지금까지 무난하게 잘 해 왔다면 일에 대한 특별한 애정이 생긴다면 훨씬 더 잘하게 되지는 않을까? 더 늦기 전에 그 일을 하면서 연봉보다 더 큰 행복을 찾아내야 하지 않을까? 그 일을 하면서 연봉보다 더 큰 인생의 의미를 찾아야 하지 않을까? 지금이 아니면 언제일까? 내가 아니면 누가일까? 단 한번뿐인 우리의 삶이기 때문이다.

세상의 모든 일은 생각하기 나름이라는 말이 있다. 나와 비슷한 일을 하는 많은 사람들이 있지만 그들 모두가 그 일을 싫어하는 것은 아니다. 그들 중에는 그 일을 너무나 좋아하는 사람들도 분명히 있다. 내가 그 사람처럼 될 수는 없을까? 그러면 더 행복해지고 그러면 더 의미 있는 인생이 될 수도 있는데 말이다. 변화가 필요할 때가 아닐까? 작은 마음의 변화가 세상을 바꾼다.

#3 종오소호 從吾所好

그런데 문제는 생각보다 많은 사람들이 자신이 무엇을 좋아하는지 모른다는 사실이다. 좋아하는 것이 분명하면 정말 도전해보고도 싶지만 무엇을 좋아하는지 잘 모르겠다는 것이다. 그것은 청년도 중년도 노년도 마찬가지다. 나이를 더 먹는다고 좋아하는 것이 더 분명해 지지도 않는다. 그러니 평생 좋아하는 것을 찾다 인생을 다 보내게 된다. 그러니 늘 아쉬움 속에서 인생을 다 보내게 된다. 정말 자신이 무엇을 좋아하는가를 모르고 있다면 정말 자신이 무엇을 좋아하는가를 알고 싶다면 이렇게 해 보는 것도 좋은 방법이 될 것이다.

1) 포스트잇과 같은 작은 메모지 10장을 준비한다.
2) 각 장에 '가장 좋아하는 것은 아니지만 되면 좋은 것, 막연하지만 해보고 싶은 것'을 하나씩 쓴다.
3) 10장의 포스트잇을 발 앞에 높이 던진다.
4) 자신에게 가장 가까이 떨어진 것을 집는다.

그것이 바로 자신이 좋아하는 것이다. 자, 지금부터 5년 혹은 10년 동안 그 포스트잇에 써 놓은 것에 집중하면 된다. 본업을 열심히 하면서 그 나머지 시간을 사용하여 그것을 조금씩 준비한다. 책을 읽어도 그것에 관한 책을 읽고, 영화를 봐도 그것에 관한 영화를 보고, 사람을 만나도 그것에 관련된 사람을 만나고, 공부를 해도 그것에 관한 공부를 하면 된다.

만약 이렇게 10년 전에 시작해 지금까지 꾸준하게 해 왔다면 지금 어떤 일이 벌어질까? 지금도 자신이 무엇을 좋아하는지 몰라 전전긍긍 하고 있을까? 문제는 자신이 무엇을 가장 좋아하는가를 찾는 것이 아니라, 비록 가장 좋아하는 것이 아닐지라도 선택하는 것이 중요하다는 것이다. 선택이 시간을 만들어 주고 그 시간이 자신에게 가장 좋아하는 것을 만들어 준다. 그러니 가장 먼저 해야 할 일은 선택하는 것이다.

人無遠慮
必有近憂

공자가 말했다.
사람이 멀리를 생각하지 않으면
필히 가까이에 근심이 있다.

인 무 원 려 　　논어 위령공편 제11장
필 유 근 우

子曰 **"사람이 멀리를 생각하지 않으면, 필히 가까이에 근심이 있다."**

미래에 대한 목표가 없으면 가까이에서 일어나는 크고 작은 일 때문에 자꾸 근심이 생기고 쌓이게 된다. 멀리를 생각하는 목표가 근심을 막아주는 방편이 된다. 어려울수록 눈은 멀리를 보고 손발은 부지런히 움직여야 한다. 간절한 목표, 분명한 목표를 가질수록 현실을 어려움을 이겨내는 디딤돌이 된다. 미래를 위한 잘 만 들어진 계획을 가지고 있다면 오늘이 조금 굴곡진 삶이라고 해도 어렵지 않게 극복 할 수 있다. 미래의 꿈이 오늘을 살리는 것이다. 군자는 멀리 걱정하고 소인은 가까 운 것을 걱정한다고 공자는 말했다.

論語 원려(遠慮)하라

지금 우리가 마음의 갈피를 잡지 못하고 있다면, 과거 우리의 아버지 어머니들도 그럴 때가 있었을 것이다. 우리의 할아버지 할머니들도 그럴 때가 있었을 것이다. 더 거슬러 올라가 다산 정약용, 추사 김정희도 그랬고, 퇴계 이황, 율곡 이이도 그랬을 것이다. 송나라 주희도 그랬을 것이며 전국시대 맹자도 그랬을 것이다. 2500년 전 격변의 춘추시대 공자도 그랬을 것이다.

변화무쌍한 춘추시대 공자와 그의 현명한 제자들이 그 문제를 다루었고 논어로 기록을 남겼다. 송나라 철학자 주자도 그 문제를 다루었고 성리학으로 기록을 남겼다. 조선의 위대한 학자였던 퇴계와 율곡도 그 문제를 다루었고 많은 명저를 남겼다. 정약용도 그 문제를 다루었고 다수의 기록을 남겼다. 지금 우리가 하는 삶의 고민을 공자, 맹자, 주자, 퇴계, 율곡, 추사, 다산도 이미 했다. 그리고 다양하고 확실한 해결책을 내놓았다. 그것은 역사 속에서 고전이 되었고 인문학이 되었다. 논어는 그렇게 수많은 사람들을 통해 동양 최고의 인문고전이 되었다.

어떻게 하면 우리의 삶에서 근심 걱정을 줄일 수 있을까? 현대를 살아가는 사람들은 모두 근심 걱정을 달고 살아간다. 우리가 어디에 살든, 누구와 살든, 어떻게 살든 근심과 걱정이 떠나질 않는다. 부유하면 부유한대로 가난하면 가난한대로 사람들은 모두 근심 걱정을 달고 산다. 삶이 원래 그렇기 때문일지도 모른다. 과연 공자는 이 현실적인 질문에 뭐라고 답을 했을까? 학생은 학생대로, 청년은 청년대로, 경영자는 경영자대로 직장인은 직장인대로 어떻게 하면 근심 걱정 없는 삶을 만들 수 있을까라는 질문에 논어는 어떤 대답을 할 수 있을까?

근심 걱정을 피해나가는 좋은 방법을 논어는 이렇게 말한다. 공자(孔子)는 인간의 삶을 필유근우(必有近憂)라 했다. 필히 가까이에 근심이 있다. 사람은 누구나 가까이에 근심 걱정을 끼고 살아간다는 뜻이다. 그것은 1000년 전에도 그랬고 2500년 전에도 그랬다. 석가모니는 인생을 고(苦)라고도 했다. 인생은 고통덩어리라는 말이다. 태어나서 늙고 병들고 죽어가는 생노병사(生老病死) 그 자체가 고통이라는 말이다.

근심 걱정을 줄이기 위해 공자가 내놓은 대책은 멀리 볼 줄 알아야 한다는 말이다. 원려(遠慮) 멀리 생각하라. 멀리 본다는 것은 목표를 가지라는 말이다. 꿈과 목표, 비전을 가지라는 말과도 같다. 미래는 원려(遠慮)속에서 만들어진다. 희망은 꿈과 비전에서 온다. 삶의 희망과 힘은 목표에서 오는 것임을 2500년 전에 이미 알고 있었다. 리더는 무엇보다도 조직의 목표와 비전을 굳건히 해야, 시도 때도 없이 다가오는 문제들을 슬기롭게 뛰어 넘을 수 있게 된다는 말이다. 미래에 대한 꿈이 분명하고 선명할수록 가까이에 있는 현실적인 어려움을 뛰어 넘을 수 있다. 꿈이 있다고 현실적인 근심 걱정이 바로 사라지는 것은 아니지만 그것을 뛰어 넘을 수 있기 때문이다. 꿈에 기간을 더하면 목표가 된다. 목표를 시간에 맞게 나누면 계획이 된다. 그러니 계획을 하나씩 실행하면 목표를 이루게 되고 꿈을 이루게 된다.

물론 시간이 걸린다. 여러 가지 어려움도 동반된다. 세상의 모든 일은 그만큼의 대가를 요구하기 때문이다. 어려움을 요구하지만 미래가 분병하면 견딜 수 있다. 미래가 밝다고 생각하면 즐겁게 갈수 있다. 미래가 행복하면 지나는 과정이 힘들수록 그 행복의 가치는 더 커지기 때문이다. 그러니 그 과정은 미래에 달려있는 것이다. 원려(遠慮)에 달려 있는 것이다. 과정은 분명 현실적인 문제지만 또한 미래문제이기도 하다. 과정이 힘들다는 것은 현실적인 문제지만 그 힘든 과정을 힘들지 않게 만드는 것이 미래에 대한 꿈이고 희망이기 때문이다. 그것이 바로 원려(遠慮)의 힘인 것이다.

내가 그의 이름을 불러 주기 전에는 / 그는 다만 하나의 몸짓에 지나지 않았다. 내가 그의 이름을 불러 주었을 때 / 그는 나에게로 와서 꽃이 되었다.

김춘수 시인이 쓴 '꽃'이라는 시의 일부분이다. 내가 그의 이름을 불러 주었을 때, 그는 나에게로 와서 꽃이 되었다. 내가 그것을 나의 미래, 꿈이라고 불러 주었을 때, 그것은 비로소 나에게로 와 소중한 목표가 되었다. 내가 그의 이름을 불러주기 전에는 그는 다만 하나의 몸짓에 지나지 않았다. 내가 그것을 나의 꿈으로 정하기 전에는 그것은 다만 스쳐 지나가는 한 단어에 지나지 않았다. 내가 그것을 나의 꿈으로 정하는 순간 그것은 나에게 중요한 의미가 된다. 꿈과 비전 없이 그냥 열심히 하는 것도 가능하겠지만, 그것을 자신의 꿈으로 목표로 정해놓고 열심히 하면 더욱 의미가 있는 일인 것이다. 김춘수 시인의 시도 공자의 논어도 모두 같은 말이다. 2500년 전에도 지금도 함께 통용되는 지혜의 말인 것이다.

공자 자신의 원려(遠慮)는 무엇이었을까? 공자의 장기적인 인생 목표는 무엇이었을까? 논어 위정(爲政)편에서 공자는 이렇게 말했다.

오십유오이지우학(吾十有五而志于學), 삼십이립(三十而立), 사십이불혹(四十而不惑), 오십이지천명(五十而知天命), 육십이이순(六十而耳順), 칠십이종심소욕불유구(七十而從心所欲,不踰矩)

물론 우리가 공자를 그대로 따라할 수는 없지만, 공자처럼 10년 단위의 장기 목표는 따라 할 수도 있을 것이다. 공자의 10년법칙이 바로 원려(遠慮)의 바로미터가 아닐까라고 생각한다.

원려(遠慮)를 조금 더 구체적으로 나누어 보면 장기적인 목표, 도전적인 목표, 간절한 목표로 생각해 볼 수가 있을 것이다. 미래에 대한 목표는 도전적이고 간절할수록 그 효과가 커진다. 달성하기 쉬운 평범한 목표보다는, 달성하기 쉽지 않은 도전적인 목표를 정하는 것이 가까이에 있는 근심 걱정을 뛰어넘기가 용이하다. 목표와 노력에 더 집중을 해야 하기 때문에 자잘한 현실에 투정 할 시간이 없어진다. 어렵고 큰일을 하고 나면 나머지 대부분의 일은 쉬워진다.

2Km를 뛰어야 한다는 생각으로 조깅을 시작하면 2km 완주가 만만치 않지만, 5Km를 뛰겠다는 생각으로 달리기 시작하면 자기도 모르는 사이에 2km

를 달리고 있는 자신을 발견하게 된다. 상사로부터 달성하기 쉽지 않은 업무를 지시받는다면 그것은 자신의 역량을 키울 수 있는 절호의 기회가 된다. 누구나 어려운 프로젝트나 업무를 피하고 싶어 하지만 원려(遠慮)의 전략은 다르다. 자신의 평소 능력으로는 80정도의 성취가 최대라고 생각하지만 100정도의 도전적인 업무를 성취한다면 그 다음부터는 80, 90 정도의 어려운 일도 어렵게 느껴지지 않는다는 말이다. 그러니 100의 도전적인 업무를 지시한 상사가 고마운 존재가 아닐 수 없는 것이다. 그렇게 한번 키워 놓은 역량은 이 세상 그 누구도 빼앗아 갈수 없는 자신만의 실력이 되는 것이다.

인무원려 필유근우(人無遠慮 必有近憂). 사람이 멀리를 생각하지 않으면, 필히 가까이에 근심이 있다. 박노해 시인의 '너의 하늘을 보아'라는 시에서도 그렇게 노래한다.

네가 자꾸 쓰러지는 것은 / 네가 꼭 이룰 것이 있기 때문이야
네가 지금 길을 잃어버린 것은 / 네가 가야만 할 길이 있기 때문이야
네가 다시 울며 가는 것은 / 네가 꽃피워 낼 것이 있기 때문이야

힘들고 앞이 안 보일 때는 / 너의 하늘을 보아
네가 하늘처럼 생각하는 / 너를 하늘처럼 바라보는
너무 힘들어 눈물이 흐를 때는 / 가만히
네 마음의 가장 깊은 곳에 가 닿는 / 너의 하늘을 보아

論語 목표는 근심을 없애는 특효약이다

"여러분이 회사에서 열심히 일을 하면 무난하게 올라갈 수 있는 위치가 어디까지라고 생각하나요?"

직장인을 대상으로 강의를 할 때 가끔 던지는 질문이다. 그러면 열 중 아홉이 차장 아니면 부장이라고 답한다. 열심히 일하면 그래도 부장까지는 해보고 퇴직을 하게 되지 않을까라는 막연한 믿음이다. 부장이 되려면 적어도 15년 이상은 같은 분야에서 일을 해야 하는데 요즘 같은 고용 분위기에서는 결코 만만한 목표가 아니다. 부장까지는 할 수 있겠다고 생각한다면 십중팔구는 과장 고개를 넘지 못하고 포기한다. 적어도 임원까지는 하고 퇴직을 하겠다는 굳은 각오를 해야 겨우 과장 고개를 넘어 부장까지 올라갈 수 있다.

어느 날 명예퇴직금을 두둑하게 받은 전 직장 후배가 찾아왔다. 한곳에서 20여 년 간 성실하게 직장생활을 했던 그도 어김없이 명예퇴직을 피할 수 없었다. 비교적 안정적인 생활에 익숙해져 있을 때 쯤 갑자기 그에게도 퇴직이 찾아왔다. 후배는 그간 만나지 못했던 사람들을 찾아다니며 나름 바쁘게 시간을 보내고 있는 것처럼 보였으나 퇴직이라는 현실을 인정하기에는 아직 힘들어보였다.

그는 그동안 직장이라는 울타리 안에서 단 한치 앞을 내다보지 못하고 살아왔다는 것을 실감하고 있었다. 당장 눈에 보이는 업무에만 정신이 팔린 채 쫓기듯이 살아온 지난 시간에 대한 평가를 과연 어떻게 내려야 하는 것인지 허둥대고 있었다. 꿈에서 깨어난 아이처럼 당황하고 있었다. 열심히 했는데도 무언가 잘못한 것이 있어 선생님 앞에 불려 나온 아이처럼 두려워하고 있었다.

물론 지난 20여 년 동안 그가 크게 잘못한 것은 없다. 단 한 가지만 뺀다면 그는 정말 최선을 다했다. 하루하루 발생하는 수많은 난관들을 헤치고 지금까지 버티고 견디어낸 것만 해도 정말 대단한 일을 한 것이다. 하지만 그는 가장 중요한 원려(遠慮)를 놓쳤다. 원려가 없었기 때문에 늘 다가오는 작은 근심을 극복하느라고 시간을 다 보냈다. 직장이라는 안전한 울타리 안에서 당장의 안정에 미래의 목표가 희미해져 버렸던 것이다.

인생은 파도를 닮았다. 산을 닮았다. 굴곡이 있다는 점에서 그렇다. 삶에는 어쩔 수 없이 올라가고 내려오는 굴곡이 있게 마련이다. 내려가는 길목엔 늘 걱정이 상존한다. 그 근심을 달고 견디거나 이겨내면서 살아가는 것이 보통의 삶인 것이다. 아이를 낳아도 걱정 낳지 않아도 걱정, 비가 와도 걱정 비가 오지 않아도 걱정, 입학도 걱정 졸업도 걱정, 입사도 걱정 출근도 걱정, 퇴직도 걱정 노후도 걱정, 돈이 많아도 걱정 적어도 걱정이다. 그렇다. 세상은 걱정거리로 꽉 차 있다고 해도 과언이 아니다. 필유근우(必有近憂), 눈앞으로 쏟아져 밀려오는 근심 걱정 그게 인생 일지도 모른다.

하지만 그 근심 걱정에서 어떻게 빠져나올까, 어떻게 하면 근심 걱정을 조금이라도 줄일 수 있는가가 문제다. 여기에 공자의 방법이 있다. 인생에 필연적으로 놓여 있는 근심 걱정을 원초적으로 이겨낼 수 있는 해답이 바로 원려(遠慮)라는 것이다. 멀리 내다보는 생각, 먼 장래에 대한 목표나 계획, 비전과 꿈 등이 이 원려인 것이다. 목표는 근심을 없애는 특효약 같은 것이다. 근심 없이 살고 싶다면 꿈과 목표를 가지라는 말이다. 려(慮)는 깊이 헤아리는 생각을 의미한다. 그것도 멀리 장기적으로 헤아리는 것이다.

論語 태산에 걸려 넘어지는 사람은 없다

만약 남의 모임에 빠지지 않고 참석하는 사람이 있다면 그는 참으로 대단한 사람이거나 아니면 참으로 한심한 사람일 것이다. 큰 일이 없으면 잡일에 걸려 넘어진다. 내가 주관해서 해야 하는 일이 없다면 남의 주관대로 따라가야 한다. 나의 목표가 작으면 작은 일에도 걸려 넘어진다. 동네 마트 가는 길에 비가 오면 바로 집으로 돌아오지만, 조카 결혼식 가는데 비가 온다고 핸들을 돌려 집으로 그냥 돌아오지는 않는다.

태산에 걸려 넘어지는 사람은 없다. 작은 돌부리나 모서리에 걸려 넘어지곤 하는 것이다. 작은 근심 걱정이 원대한 인생의 길을 가로막는다. 간절한 꿈을 가지고 있다면 현실에서 부딪치는 어려움은 이미 어려움이 아니다. 그것은 그저 지나가는 하나의 과정이지 그 이상도 이하도 아닌 것이 된다. 멀리 길게 보고 담대한 목표를 가지고 있다면 오늘의 어려움은 더 이상 장벽이 아니라 스스로를 강하게 키워주는 징검다리가 된다.

《마시멜로 이야기》라는 책을 보면 스탠퍼드 대학에서 4살짜리 아이들을 대상으로 만족 유예에 관한 실험을 한 결과를 볼 수 있다. 각 방에 아이들 을 한 명씩 데려다놓고 탁자 위에 마시멜로 한 개씩을 가져다 놓으면서 "내가 자리를 비운 사이 탁자 위에 놓아둔 마시멜로를 15분 동안 먹지 않고 참는다면 상으로 마시멜로를 하나 더 주겠다."고 말한 다음 아이들의 반응을 살피는 실험이었다.

그로부터 10년 후 실험에 참여했던 200여 명의 아이들을 추적 조사했는데 놀랄 만한 결과가 나왔다. 15분을 참았던 아이들은 그렇지 못한 아이들보다 학업성적이 뛰어났으며 친구들과의 관계도 훨씬 원만했고 스트레스를 효과적으로 관리하고 있었다고 한다. 더 큰 만족과 보상을 위해 당장의 욕구 충족을 미룰 줄 아는 의지가 성공을 견인하는 강력한 지표가 된다는 것을 말해준다.

직장인은 일단 직장에서 승부를 걸어야 한다. 승부를 건다는 것은 많은 것과 싸울 준비가 되어 있다는 것이고 싸움에는 크고 작은 어려움이 상존하기 마련이다. 이때 꼭 필요한 것 중의 하나가 바로 원려(遠慮)이다. 어떤 분명하고 장기적인 목표를 갖고 있다면 그것을 달성하는 패턴이나 모델도 쉽게 찾을 수 있게 되기 때문이다. 분명한 목표 한 가지가 많은 것 을 해결하는 열쇠가 된다. 목표는, 특히 장기적인 목표(遠慮)는 인생 전체를 꼿꼿하게 세워주는 등뼈와 같은 것이다.

三軍可奪帥也
匹夫不可奪志也

공자가 말했다.

삼군에서 장수는 빼앗을 수 있으나

필부에게서 그 뜻을 빼앗을 수는 없다.

삼 군 가 탈 수 야　　**논어** 자한편 제25장

필 부 불 가 탈 지 야

子曰 삼군에서 장수는 빼앗을 수 있으나 필부에게서 그 뜻을 빼앗을 수는 없다.”

삼군(三軍)이라 함은 좌군(左軍), 우군(右軍), 중군(中軍)을 말하고 그 중군(中軍)의 대장(大將)을 수(帥)라고 한다. 일군(一軍)의 수가 12,500명 정도였으니 삼군이면 대략 37,500명의 병사를 거느린 장수라 할 수 있다. 대군을 총괄하는 대장의 말 한마디면 세상에 못 할 일이라고는 하나도 없을 만큼의 절대 권력자인 그도 상황에 따라서는 사로잡힐 수 있다는 말이다. 필부(匹夫)는 보통사람(一夫)을 뜻한다. 내세울 것 없는 필부일지라도 그가 품은 뜻을 빼앗을 수는 없다는 뜻이다. 장수의 용맹은 부하들에게 달려 있고 필부의 뜻은 자신에게 있는 것이기 때문에 전쟁에서 장수의 목을 빼앗을 수는 있으나 필부의 굳은 뜻은 빼앗기가 어렵다는 것이다. 빼앗긴다면 그것은 뜻이라 볼 수 없는 것이다.

📖 필부의 꿈

공자는 오십이 넘어서야 그토록 바라던 정계로 나갈 수 있었다. 정치란 윗사람만 바르다면 마치 밤하늘의 수많은 별들이 북극성을 중심으로 돌아가듯 자연스러운 것으로 생각했다. 하지만 공자의 관료생활은 4-5년 남짓한 기간이었다. 짧은 기간이지만 공자는 발군의 실력으로 많은 성과를 만들어냈다. 그는 50대 중반에 고국인 노나라를 떠나 오랜 방랑의 시간을 보내야 했다. 공자의 마음은 변함이 없었으나 환경이 그를 외지로 몰아냈다.

만약 공자가 춘추시대 약소국 중의 하나였던 노나라에서 당시 정치가로서 성공하여 평생 훌륭한 정치 관료로서의 생애를 마쳤다면, 과연 동양 최고의 성인 공자가 되었을까? 당시 권력 실세에 있었던 노나라 왕이나 쟁쟁했던 경대부들을 우리가 기억 못하듯, 공자도 기억하기 어려운 사람으로 남았을 것이다. 살아서 권력으로 명성을 날렸겠지만 몇 대 지나지 않아 공자도 그저 기억 밖의 한 사람이었을 것이다.

만약 공자가 그가 품었던 사람에 대한 사랑과 평화로운 대동사회의 실현이 라는 꿈과 비전을 어려운 현실 때문에 포기했다면, 과연 동양 최고의 성인이 되었을까? 이 역시 불가능한 일이었을 것이다. 가슴에 품은 의지를 포기하고 자 했다면 공자에게 그 이유는 너무나 많았다. 3살 때 아버지가 죽고 10대 후 반에 어머니가 죽었다. 열아홉에 결혼을 하여 스물에 아들을 두었고 공자의 첫 번째 직업은 축사지기와 창고지기였다. 기회 있을 때 마다 노력을 했지만 공자는 나이 50이 되기 전까지는 정계로의 진출이 어려웠다.

정치를 하게 되면 정치로서 자신의 꿈과 의지를 펴려했고 노나라를 떠나서 도 단 한 번도 자신의 꿈과 의지를 꺾지 않았다. 그야말로 필부의 꿈이 세상을 이끄는 동양 최고의 성인으로 만들었다. 세상을 호령했던 삼군의 장수들이나 춘추시대 패권국의 수많은 왕들은 모두 사라졌지만 필부로서 꿈을 꾼 공자는 영원한 성인이 되었다.

論語 자기브랜드라는 의지가 직장인을 살린다

4차 산업혁명시대 작은 바람에도 불안하게 흔들릴 수밖에 없는 필부(匹夫) 의 삶을 지켜주는 것은 무엇일까. 사장이나 최고경영진은 여러 번 바뀌어도 20년, 30년을 한곳에서 일할 수 있는 직장인의 저력은 어디에서 오는 것일까. 그렇게 되기 위해서는 필부의 어떤 전략이 필요한 것인가?

그 전략 중의 하나가 바로 집중적인 자기브랜드 전략일 것이다. 물론 자기브랜드가 직장인으로서 자신의 뜻을 지켜나갈 수 있는 유일한 방법은 아니지만 자기브랜드 없이 한 직장에서 정년을 맞이한다는 것은 거의 불가능한 세상이 되었다. 보통사람이 뜻을 세우기도 어렵거니와 설사 그 뜻을 세웠다 하더라도 끝까지 지켜나가기란 쉽지 않은 것이다.

뜻(志) 없이 보내는 시간은 결국 후회만 남기게 된다. 매달 바쁘게 보냈으나 1년이 지나고 보니 월급명세서 외에는 남는 것이 없다면 뜻(志)없이 보낸 것이다. 평사원 시절은 정신없이 지나갔다고 해도 대리가 되었을 때도 여전히 월급명세서밖에 남는 것이 없다고 생각된다면 뜻(志)없이 보낸 것이다. 대리, 과장 시절을 중간 간부로서 바쁘게는 보냈으나 3년 후, 5년 후가 불안하다고 느낀다면 이 역시 뜻(志)없이 보낸 것이나 다름없다. 대학을 졸업하고 서른이 가까워져도 자신의 미래에 대해 분명한 결정을 못하고, 서른이 아니라 마흔이 되어서도 아무런 목표도 없이 흔들리는 직장인들이 허다하다. 그 혼란은 결국 회사를 나올 때까지 자신을 힘들게 한다. 이는 결국 그동안 자기브랜드를 만들지 못했다는 뜻이고, 처음부터 뚜렷한 목표를 설정하고 뜻(志)을 세우지 못했음을 의미한다. 전장에 나가기 전 무엇보다 앞서 해야 할 일이 바로 뜻을 세우는 일이다. 직장을 건 싸움이건 인생을 건 싸움이건 뜻을 세우면 승부가 난다. 장수가 이기든 졸병이 이기든 사장이 이기든 사원이 이기든 결판이 난다.

그러면 직장인에게 뜻을 세운다는 것은 무엇일까. 그것은 바로 커리어의 목표를 구체적으로 설정하는 것을 의미한다. 대리가 되었을 때 원하는 커리어의 모습을 정하고, 과장이 되었을 때 만들고 싶은 커리어의 모습 을 뜻으로 세우는 것이다. 경력설계는 대학 졸업반 학생들에게만 필요한 취업교육이 아니다. 정작 필요한 사람들은 신입사원 혹은 대리급 정도의 사원들이다. 그들에게 커리어의 분명한 뜻(志), 목표가 서 있다면 일상의 반복에서 오는 매너리즘을 벗어날 수 있고 자기브랜드 실현이 가능하다. 자기브랜드가 직장인을, 필부(匹夫)를 살린다.

論語 마음의 획

자로(子路)처럼 적극적인 성격도 못되고, 자공(子貢)처럼 언변이 뛰어나지도 못했던 염구(冉求)는 공자의 제자로써 공부를 할 때 어려움이 많았다. 그 염구가 한번은 스승에게 이렇게 변명을 늘어놓았다.

"제가 스승님의 도를 기뻐하지 않는 것은 아니지만 힘이 부족한 것 같습니다."
공자가 말했다. "힘이 부족하다고 하는 자는 중도에 가서 그만두게 되는데, 지금 너는 획을 긋고 있구나."
求曰 非不說子之道 力不足也. 子曰 力不足者 中道而廢 今汝畫也
염구왈 비불열자지도 역부족야. 자왈 역부족자 중도이폐 금여획야

공부하기 힘들다고 핑계를 대면서 머뭇거리는 제자 염구에게 공자는 호되게 질책을 한다. "힘이 부족하다고 생각하는 자는 대개 중도에 포기를 하고 그만두는데 지금 너는 미리 안 된다는 한계의 획을 긋고 있구나!" 2500여 년 전 주저하는 멘티에 대한 멘토의 가르침은 역시 달랐다.

마음의 획은 살아있다. 마음은 생각하는 대로 텔레파시가 되어 산을 넘고

바다를 건너간다. 파티션 너머 앉아있는 상사에게 마음으로 욕을 하는 순간 그 마음의 파동은 바로 그 상사에게로 달려간다. 그래서 그 상사는 누군가 자기를 욕하고 있다는 느낌을 느끼게 된다. 말을 하지 않아도 아무런 표정을 지어보이지 않아도 사람들은 그것을 기가 막히게 감지한다.

무지 가벼운 백지장도 양면이 있듯 세상 모든 일에는 모두 양면이 존재한다. 모두가 좋은 것만 있는 것도 아니고, 모두가 나쁜 것만 있는 것도 아니다. 아무리 작은 사안이라고 해도 긍정적인 면과 부정적인 양면이 모두 섞여있다. 마음에 획을 긋는 순간, 그것은 이미 사실로 바뀌고 만다. '나는 할 수 없어' 라는 획을 긋는 순간 할 수 없는 것으로 인식하여 온 몸에 할 수 없는 부정 시스템을 가동시키게 된다. '할 수 있어' 라고 긍정의 획을 긋는 순간, 할 수 없을 것 같은 것도 할 수 있는 긍정 시스템으로 바뀌게 된다. 그러니 이왕이면 긍정의 선택을 해야 한다고 공자는 가르치고 있는 것이다. 된다는 생각을 가지고 최선의 노력을 해도 되지 않는 것이 세상에는 너무나 많다. 결국 할 수 있다고 생각한 것 중에서 일부가 되는 것이다. 할 수 없다고 생각하면 백퍼센트 되지 않는 것은 너무도 당연한 일이다.

공자가 그것을 염구에게 말하고 있다. 변화 할 수 있다고 마음을 먹는 순간 변화는 이미 시작된다. 변화 할 수 없다는 부정의 획을 긋는 순간 변화는 이미 멈춰지고 있는 것이다.

세상의 그 어떤 일도 기준이 없으면 흔들린다. 바람에 흔들리는 갈대처럼 사람의 마음은 하루에 수도 없이 왔다 갔다 하면서, 조금만 어려워도 핑계를 대고 조금만 거북해도 하지 않을 이유를 만들곤 한다. 하지만 사람의 의지를 꺾을 수 있는 사람은 단 한사람밖에 없다. 바로 자기 자신이다. 제대로 된 기준 하나만이라도 가지고 있다면 그가 아무리 별 볼일 없는 필부라 할지라도 그는 성공할 수 있다는 것이 공자의 가르침이다.

歲寒
然後知
松柏之
後彫也

공자가 말했다.
추운겨울이 된 후에야
소나무와 잣나무가 늦게 시든다는 것을 알게 된다.

세 한 연 후 지 **논어** 자한편 제27장

송 백 지 후 조 야

子曰 "추운겨울이 된 후에야 소나무와 잣나무가 늦게 시든다는 것을 알게 된다."

겨울이 되면 앙상한 가지만 남아있는 여느 나무들과는 뚜렷하게 구별되어 소나무와 잣나무의 청청함을 쉽게 볼 수 있다. 물론 봄여름 가을에도 소나무와 잣나무는 청청하지만 다른 나무들도 모두 청청하기 때문에 그 푸름을 구별해 내기가 쉽지 않을 뿐이다. 하지만 추운 겨울이 되면 확연히 드러난다.

論語 소나무는 겨울에도 지지 않는다

봄 · 여름 · 가을 · 겨울처럼 인생에도 사계(四季)가 있다. 우리의 인생에 봄 · 여름 · 가을만 있고 추운 겨울이 없다면 얼마나 좋을까? 하지만 백이면 백 누구에게나 춥고 어려운 인생의 겨울이 있다. 누구에게나 한번은 꼭 겨울이 찾아온다. 어떤 사람에겐 봄, 여름, 가을, 겨울처럼 순서적으로 다가온다. 어떤 사람에겐 순서 없이 아무렇게나 뒤섞여 다가온다. 찾아오는 순서가 다를 뿐 누구에게나 인생의 혹독한 겨울이 찾아온다. 그것은 지금 우리만 그런 것이 아니라 지금까지 살았던 모든 사람들에게 다 마찬가지였다.

춥고 배고픈 인생의 겨울이 찾아오면, 배반과 갈등의 인생 고난이 찾아오면, 실직과 퇴직의 인생 겨울이 찾아오면, 이별과 아픔의 인생 고난이 찾아오면 사람들은 그간 지나간 시간들을 생각한다. 더 열심히 했어야, 더 이해해 주었어야, 더 준비를 했어야, 더 잘해 주었어야 하면서 말이다. 사람들이 미래를 예측하면서 살아간다고는 하지만 인생의 겨울을 대비하면서 사는 사람들은 그리 많지 않은 것 같다.

공자에게도 그런 힘든 겨울이 있었다. 공자는 오십대 중반에 고국인 노(魯)나라를 자의반 타의반 떠나게 된다. 대사구(법무부장관)라는 높은 직위에 있었음에도 불구하고 나라를 떠나야 했다. 그로부터 13년 동안 주변국 7개 나라(魯노, 衛위, 宋송, 鄭정, 陳진, 蔡채, 초楚)를 떠돌아다니다, 68세쯤 지친 노구를 이끌고 노(魯)나라로 돌아왔다. 말이 천하주유(天下周遊)지 방문하는 나라마다 공자를 제대로 받아들이는 나라는 거의 없었다. 전쟁과 패권이 난무하는 춘추시대, 날만 새고 나면 나라의 반이 사라지고, 날이 새고 나면 백성의 반이 죽어 없어지는 춘추 격변의 시기에 공자가 주장하는 인(仁)의 정치, 사랑(愛)의 정치를 한가롭게 받아들일 수 있는 나라가 없었던 것은 어쩌면 당연한 것이었다.

논어에는 진채절량(陳蔡絶糧)이라는 스토리가 등장한다. 눈보라 휘몰아치는 한겨울 진나라와 채나라사이에서 오도 가도 못하는 사면초가의 절박한 상황에 몰리게 되었을 때의 이야기다. 설상가상으로 먹을 식량마저 떨어져 일주일 동안 쫄쫄 굶어야만 하는 상황에 동행했던 제자들의 불평이 들려오기 시작했다.

"도대체 우리가 무슨 큰 잘못을 하였기에 이 한겨울 오도 가도 못하고 이렇게 쫄쫄 굶어야만 합니까? 도대체 군자에게도 이런 궁함이 있다는 말입니까?"

조용히 현을 뜯고 있던 공자가 이를 멈추면서 제자들에게 말했다.

"추운 겨울이 된 후에야 소나무와 잣나무가 늦게 시든다는 것을 알게 된다."

공자는 이렇게 말하고 있는 것이다. 군자는 추운 겨울을 꿋꿋하게 버티는 송백과 같은 사람이 아니겠는가? 이 굶주림과 겨울을 버티고 이겨내는 사람이 진실로 군자가 아니겠는가? 세상 편하고 좋을 때 군자가 뭐 그리 필요 하겠는가? 환경이 좋을 때나, 나쁠 때나 변함없는 그런 사람이 군자가 아니겠는가? 세상 어렵고 환경이 어려울 때 그것을 극복해내는 사람이 진정한 군자가 아니겠는가?

군자를 리더로 바꾸어 보면 그 뜻은 더 분명해 진다. 리더는 추운 겨울을 꿋꿋하게 버티는 송백과 같은 사람이 아니겠는가? 이 굶주림과 겨울을 버티고 이겨내는 사람이 진실로 리더가 아니겠는가? 세상 편하고 좋을 때 리더가 뭐 그리 필요 하겠는가? 환경이 좋을 때나, 나쁠 때나 변함없는 그런 사람이 리더가 아니겠는가? 세상 어렵고 환경이 어려울 때 그것을 극복해내는 사람이 진정한 리더가 아니겠는가?

어려움을 겪어본 사람과 그렇지 않은 사람은 많이 다르다. 시련 속에서 단련된 사람과 그 시련을 포기한 사람은 확실히 다르다. 혹독한 겨울을 묵묵히 견디어내는 송백처럼, 어려운 환경을 극복해낸 사람은 다르다. 그 송백과 같은 군자가 되기를, 그 송백과 같은 리더가 되기를 공자는 송백을 빗대어 말하고 있는 것이다.

論語 김정희와 안중근 그리고 송백(松柏)

송백(松柏)의 의미를 다양하게 생각해 볼 수 있다. 어떤 사람에게 송백(松柏)은 전후가 다르지 않은 일관성을 의미하며, 어떤 사람에게 송백은 변하지 않는 조국에 대한 충정이기도 하다. 어떤 경영자에게 송백은 회사를 살리는 명품제품이기도 하고, 어떤 직장인에게 송백은 개인을 살리는 퍼스널브랜드이기도 할 것이다.

2500여 년 전 공자는 열악한 환경과 참기 어려운 어려움에도 송백처럼 변하지 않는 모습을 군자라 칭하면서 제자들을 가르쳤다. 180여 년 전 추사 김정희도 세한도(歲寒圖)를 통해 송백을 이야기 했다. 부귀와 권력을 빼앗긴 채 제주도 유배생활을 할 때, 그를 따르던 많은 사람들이 떠나갔지만 제자 이상적만 남아 예전과 변함없는 모습으로 스승을 대했다. 이에 감동한 추사는 그 옛날 춘추시대 공자와 송나라 소동파를 생각하면서 한 장의 그림을 그렸다. 이 세한도와 함께 논어명구를 활용해 송백과 같은 제자의 마음을 칭송하는 한 통의 편지를 남겼다.

  110여 년 전 안중근 의사도 송백을 이야기 했다. 1909년 이토히로부미를 저격하고 이듬해 형장의 이슬로 순국하기 전 조국에 대한 충정을 논어명구 그대로 세한연후지송백지부조(歲寒然後知松栢之不彫)라는 유묵을 남겼다. 아무리 추운 겨울이라 해도 소나무와 잣나무는 절대로 지지 않는다. 안중근 의사의 조국에 대한 충정이 송백처럼 지지 않는다는 말이다.

  오늘을 살아가는 현대인들에게 이 세한연후지송백지후조야(歲寒然後知松栢之後彫也)는 어떤 의미가 있을까? 송백(松栢)이 누구에게는 변치 않는 우정일수도 있을 것이다. 누구에게는 변치 않는 열정일수도 있을 것이다. 누구에게는 끝까지 참아내는 인내심일수도 있고 누구에게는 강한 충정일수도 있을 것이다.

  오늘의 CEO들에게 송백(松栢)은 무엇일까? 회사보다 더 유명한 브랜드 가치를 가진 제품 혹은 회사를 끝까지 끌고 가는 인재중의 인재를 가리킬 수도 있다. 경영 환경이나 국제 경제 환경이 열악해져도 회사를 끝까지 살릴 수 있는 송백과 같은 명품제품 여러 경영의 요소 중에서도 진정으로 사람을 중시하는 CEO의 마음이 바로 송백일 것이다.

직장인에게 송백(松栢)은 무엇일까? 퍼스널브랜드 혹은 강점, 반복되는 일을 통해 프로젝트를 통해 만들어내는 자기만의 역량일 것이다. 설사 언젠가 조직을 떠난다 해도 절대로 없어지지 않을 자기만의 실력, 역량, 강점, 브랜드 이런 것이 직장에게 필요한 송백이 아닐까.

🔲 자기브랜드, 어떻게 만들어야 할까?

경쟁력이 있다는 것은 무엇일까. 예를 들어 한 직장에서 오랫동안 근무를 한다는 것은 그만큼 경쟁력이 있다는 증거다. 마흔 이전에 회사를 떠나는 사람이 있는 반면 정년퇴직까지 유유하게 다니는 사람들이 그들이다. 한편으론 퇴직 후 더 잘되는 사람들도 적지 않다. 숨죽이며 하기 싫은 일을 하는 것보다는 활개 치며 하고 싶은 일을 하는 사람들이 그들이다. 안정적인 직장생활 중에 명예퇴직을 당하여 숨 막히는 높은 벽을 만났으나 도리어 그 벽으로 인해 갑자기 성장을 해버린 사람들도 있다. 모두 경쟁력이 있는 사람들이다.

10년차 직장인이 가장 먼저 챙겨봐야 하는 것이 바로 경쟁력이다. 사내경쟁력이 있어야 회사에서 살아남는다. 뛰어난 업무처리 능력도 경쟁력이고, 숨죽이며 사는 것도 경쟁력이다. 빨리 뛰쳐나가는 것도 능력이지만 오랫동안 버티는 것도 능력이다.

그러나 전략 없이 경쟁력을 가진다는 것은 거의 불가능하다. 전략이 없다면 10년차 직장인이라 할지라도 자기브랜드를 가질 수 없다. 그저 10년 경력자

정도로 불리는 수준에서 만족해야 한다. 그런 경력자는 어느 조직이든 많다. 다른 직원들과 구별되는 자신만의 브랜드가 없다면 작은 흔들림에도 견디지 못하고 회사에서 먼저 밀려날 것이다. 또 같은 이유로 퇴직 후 사회에서도 두 번째로 밀려날 것이다. 설 땅이 없어진다.

대학에서 경영학을 전공한 A씨가 있다. 기업에 입사한 후 4년이 지나 대리가 되었고, 8년이 지나 과장이 되었다. 그리곤 부장으로 승진한 후 몇 년 근무하다 45세에 명예퇴직을 했다. 이것이 그의 직장 경력의 전부다. 그러니 자의 반 타의반으로 자영업을 시작한다.

대학에서 경영학을 전공한 B씨가 있다. 4년이 지나 대리가 되었고, 8년이 지나 과장이 되었다. 과장 승진과 함께 그는 한 권의 책을 펴냈다. 지난 8년간 자신이 맡아왔던 인사 관련 업무의 내용을 정리해 '인사 전문도서'의 저자가 된 것이다. B과장은 서서히 주목을 받았고 사내에서는 이미 전문가로 대접을 받았다. 부장이 되었을 때 그는 또 한 권의 책을 출간했다. 이때 그는 사외에서도 이미 유명 실력자로 이름을 날리기 시작했다.

A씨와 B씨의 어떤 차이가 똑같이 15년을 근무하고도 전혀 다른 결과를 만들어낸 것일까? 그 차이는 아주 미세한 곳에서 시작되었다. B씨는 신입사원 시절 과장으로부터 매달 A4용지 1매 분량의 보고서를 만들라는 지시를 받았다.

"매달 보고서를 하나씩 의무적으로 작성하여 보고하세요. 보고서 내용은 특별한 것이 아니어도 됩니다. 신입사원으로서 자신의 인사업무를 바라보는 시각에서 작성해 주면 됩니다. 인사업무를 익혀가는 단계라든지 인사업무를 실행하면서 느꼈던 사례 정도의 내용이면 됩니다."

B씨는 그 지시를 성실하게 따랐다. 그는 1년, 2년, 3년 연차가 늘어감에 따

라 다른 각도로 바라보게 되는 인사업무에 대한 단상, 개선사항, 개선사례 등 자신의 업무와 관련된 일상의 이야기를 정리해 나갔다. 매달 작성하는 1건의 리포트는 1년이 지나니 10건이 넘었고, 대리가 되니 50건이 되었고, 드디어 과장이 되었을 때는 책을 한 권 내고도 남을 만큼의 분량이 되었다.

이처럼 B씨는 자신에게 주어진 업무를 하나의 전략으로 승화시키고 긴 시간 동안 그것을 자기만의 브랜드로 축적시킴으로써 그 어떤 추위에서도 독야청청 할 수 있는 소나무가 된 것이다. A씨나 B씨나 직장에서 보낸 시간은 거의 같다. 그러나 B씨가 전략적으로 차분하게 만들어간 자기브랜드는 비교가 될 수 없을 만큼 큰 차이를 만들어냈다. 어떤 나무가 추운 겨울에도 시들지 않을 나무인지 여름에는 모른다. 어떤 사람이 자신의 업무를 십분 활용하여 자신의 미래 브랜드를 만들어가고 있는지 평사원이나 대리 때는 표시가 잘 나지 않는다. 하지만 과장이 되고 부장이 되었을 때 명예퇴직 등의 현실적인 장애물이 그 사람의 운명을 좌지우지하는 환경이 닥쳐왔을 때는 그 진가를 절감하게 된다.

세한연후지 송백지후조야(歲寒然後知 松柏之後彫也). 2500년 전 공자가 했던 이 말이 현대의 직장인들에게 절묘하게 매칭이 되는 대목이다.

論語 자신을 믿고 숨은 노력이 빛날 시간을 기다려라

누구나 한 시간 쯤은 일을 열심히 할 수 있지만 하루 종일 열심히 하는 것은 어렵다. 일주일은 열심히 할 수 있지만 한 달 내내 열심히 하는 것은 더 어렵다. 일 년은 열심히 할 수 있지만 한 가지 일을 십 년 동안 열심히 하는 것은 정말 대단한 일이 아닐 수 없다. 또 직장생활을 십 년 하는 것은 가능한 일이겠지만 한 분야에서 평생을 일하면서 보낸다는 것은 정말 특별한 사람이 아니고는 감히 엄두도 못 낼 일이다.

자신이 한 일의 성과가 바로 바로 이뤄진다면 좋겠지만 세상이 꼭 그렇게 돌아가지는 않는다. 남들이 알아주지 않아도 진실로 열심히 살아간다면 어려운 상황이 되었을 때 분명히 그 진가가 드러나게 되어 있는 것이 또 세상의 이치다. 세상의 많은 일은 끝나봐야 진위가 가려지는 일들이 많다. 숨은 노력이 빛날 순간은 꼭 온다.

살아가다가 벽을 만나면 그것은 더 큰 기회가 주어지는 것이라고 생각하면 된다. 성공을 향한 꿈과 신념, 그리고 그 꿈을 현실로 만들어갈 뜨거운 열정이 있다면 매서운 시련은 자극을 주는 동반자와 같다. 아무것도 가진 것 없는 사람일지라도 강철 같은 '신념'은 그 사람의 가장 큰 무기가 된다.

'내가 무언가를 할 수 없다고 믿으면 정말로 할 수 없게 된다. 그러나 내가 할 수 있다고 믿으면 처음에는 그러한 능력이 없었을지 몰라도 곧 그 능력이 생긴다.' 마하트마 간디의 말이다. 자신에 대한 믿음이 확고하다면 그 믿음이 자신을 믿는 만큼 유능한 사람으로 만든다는 말이다. 세상을 바꾸는 힘은 이렇게 자기 자신을 믿는 힘에서부터 시작된다. 그러한 신념은 돈이나 권력에서 나오는 것이 아니라 사람에게서 시작된다. 자신을 믿고 시도하고 도전할 때 진정으로 자신이 원하는 능력을 갖춘 사람으로 거듭나게 되는 것이다.

5부

다음 10년을 준비하라

苗而不秀者有矣夫
秀而不實者有矣夫

공자가 말했다.
싹은 틔웠으나 꽃을 피우지 못하는 자가 있고
꽃은 피웠으나 열매를 맺지 못하는 자가 있다.

묘 이 불 수 자 유 의 부
수 이 불 실 자 유 의 부

논어 자한편 제21장

子曰 **"싹은 틔웠으나 꽃을 피우지 못하는 자가 있고, 꽃은 피웠으나 열매를 맺지 못하는 자가 있다."**

묘(苗)는 씨앗에서 나오는 싹을 말하며, 수(秀)는 꽃이 피는 것을 말한다. 싹은 틔웠으나 꽃을 피우지 못하는 것도 있고, 꽃은 피우나 열매를 맺지 못하는 것도 있다. 사람으로 치면 시작은 하였으나 중도에 그만두는 사람이 있고, 끝까지 열심히는 하였으나 제대로 된 결실을 맺지 못하는 사람이 있다는 뜻이다. 이는 제자인 안연(顔淵)이 높은 학문으로 칭송을 받아오다 일찍 세상을 떠난 삶을 애석해하며 공자가 한 말이라고 알려져 있지만 결국 처음부터 끝까지 최선을 다하라는 의미의 말이기도 하다.

또한 이 말은 우리의 인생사를 자연에 비유하여 여러 가지 의미로 해석해 볼 수도 있다. 소질이 있으나 배우지 아니함은 싹은 틔웠으나 꽃을 피우지 못함과 같고, 배우고 나서도 자기 몸에 지니지 못함은 꽃은 피웠으나 열매를 맺지 못함과 같은 것이다. 또 아름다운 꽃으로 계속 머물고 싶지만 겨울이 오면 어쩔 수 없이 꽃은 질 수밖에 없다는 의미로도 의역해 볼 수 있을 것이다.

세상의 모든 것은 자신의 의지와는 상관없이 '때(時)'의 지배를 받는다. 모든 것에는 그 '때'가 있다는 말이다. 그래서 사람의 힘으로 할 때까지 다 해보고 그 다음엔 하늘의 뜻을 겸허한 마음으로 기다려보자는 '진인사대천명(盡人事待天命)'이라는 말이 있는지도 모른다. 약간은 허무하게 들릴 수도 있는 구절이지만 세상의 이치를 알고 세상의 '때'에 늦지 않게 처신하라는 의미로도 들린다.

論語 꽃이라고 다 같은 꽃이 아니며 열매라고 다 같은 열매가 아니다

때와 시간에는 '크로노스'와 '카이로스'라는 개념이 있다. 크로노스는 누구에게나 동일하게 흘러가는 정해진 시간을 말한다. 예를 들어 한 시간은 60분, 일주일은 7일, 한 달은 30일, 1년은 365일, 사람은 80년을 산다 등이 그것이다. 그러나 카이로스는 사람마다 다르게 흘러가는 상황의 시간, 의미의 시간으로 그늘에 누워 있는 30분과 35도 이글거리는 운동장 위에 서 있는 30분은 분명 의미가 다르다. 영화관에서 연인과 함께 영화를 보는 2시간과 골치 아픈 주제로 사무실에서 미팅을 하는 2시간은 분명 시간의 길이가 다르게 느껴진다.

새싹을 틔우는 봄, 꽃을 피우는 여름, 열매를 익게 하는 가을, 깊은 동면의 겨울. 여기서 봄, 여름, 가을, 겨울은 일정한 간격으로 어김없이 흐르는 '크로노스'이고, 싹과 꽃과 열매와 동면은 모두에게 의미가 다른 시간 즉 '카이로스'로 볼 수 있다. 크로노스 '춘하추동'은 이미 정해진 절기로서 매년 동일하게 찾아왔다가 사라지지만 싹(苗)은 그렇지 않다. 어둡고 깊은 동면의 겨울을 어떻게 보냈는가에 따라서 튼튼한 싹이 될 수도 있고 부실한 싹이 될 수도 있다. 충실한 겨울을 보낸 봄의 새싹은 생기가 나겠지만 그렇지 않다면 싹수가 노랄지도 모른다. 여름에 피는 꽃(秀)이라고 다 같은 꽃이 아니다. 가을에 맺는 열매라고 해서 다 같은 열매가 아니다.

Y씨는 회사를 퇴직하기 전까지는 사내에서 반도체 설계기술로 나름 인정을 받고 있었다. 하지만 과장으로 승진한 지 3년쯤 되었을 때 먼저 퇴직한 선배의 권유로 회사를 그만두게 되었다. 기업이라는 숨 막히는 조직 안에서 다람쥐 쳇바퀴 돌 듯이 그렇게 살지 말고 사업을 하는데 당신이 꼭 필요하니 같이 해보자는 유혹에 Y씨는 별 고민 없이 사표를 던지고 선배를 따랐다.

몇 명 되지 않는 조직에서 Y씨의 역할은 금방 두드러졌다. 하지만 시작한 지 1년도 채 못 되어 IMF라는 날벼락을 맞게 되었다. 거기서부터 Y씨의 인생이 꼬이기 시작했다. 선배와의 사업은 끝이 났지만 Y씨는 이후로도 일을 멈추지 않고 거의 2년 주기로 새로운 일을 시작했다. 매번 기대를 갖고 열심히 발버둥을 쳤으나 결과는 항상 마찬가지였다. '차라리 회사에 그대로 있었으면 지금쯤이면 고참 부장이나 임원이 되어 있을 텐데'라는 후회가 밀려왔지만 현실은 더욱 냉정하기만 했다.

Y씨의 사례는 준비 없는 시작은 때를 만들어주지 못한다는 것을 보여준다. 짧은 봄볕의 따스함만으로 나무에 꽃이 피는 것은 아니다. 나무에 꽃이 피는 것도 겨울의 준비가 있었다는 것을 놓쳐서는 안 된다. 준비에는 시간이 필요하다. 생각날 때 바로 시작하는 것만이 기회를 잡는 유일한 방법이 아니다. 특히 직장생활을 접고 새로운 사업을 생각한다면 준비에 더 공을 들여야 한다.

자신의 미래를 만드는 기술을 연마할 수 있는 유일한 곳이 직장이다. 그 기술로 현재의 직장에서 정년까지 월급을 계속 받을 수도 있고, 그 기술로 퇴직을 하여 스스로 월급 이상의 돈을 벌 수도 있다. 문제는 어떤 환경 변화가 오더라도 현재의 직장에서 살아남을 수 있을 만큼의 기술을 확보했는가를 정확히 판단해야 한다는 데 있다. 아직 그렇지 못하다면 준비가 필요한 것이다. 때를 기다리며 칼을 갈아야 한다. 직장인으로서 현재의 직장은 그 칼을 갈기에 너무도 좋은 장소이다. 그것이 꽃을 피우는 준비인 것이다. 열매를 맺게 만드는 준비인 것이다. 기술과 실력이 있다면 큰소리치는 당당한 '갑'이 될 수 있다. 그러므로 때를 기다리고 때를 만들어야 한다. 그 때가 만들어질 때까지는 준비 없는 퇴직도 창업도 전직도 참아야 한다.

🔲 시작은 바로 지금이다

태어나서부터 죽을 때까지 우리의 인생은 4단계로 나누어 볼 수 있다. 1단계는 25세까지, 2단계는 45세까지, 3단계는 다시 65세까지, 마지막 4단계는 85세까지 혹은 그 이상까지다. 인생의 준비기인 25세까지는 봄에 해당되고 이때부터 45세가 되는 2단계까지는 여름이라 할 수 있겠다. 여기까지가 인생의 전반전에 해당한다. 인생의 후반전은 절기상 가을이라 할 수 있는 46세부터 65세까지라고 볼 수 있고 겨울에 해당되는 이후 66세부터 85세까지는 인생의 연장전이라 할 수 있다.

그러면 직장인의 때는 언제일까. 말할 것도 없이 인생의 2단계에 해당하는 26세부터 45세까지라고 볼 수 있다. 인생의 1단계에서 좋은 싹을 틔웠다면 바로 이 2단계에서는 꽃을 피워야 한다. 그래야 그 다음 단계에서 결실을 볼 수 있다. 하지만 싹을 틔우고 꽃은 피웠으나 결실을 맺지 못한다면 인생의 후반전은 그야말로 오로지 춥기만 한 겨울이 될 수밖에 없다. 그래서 꽃을 피우는 인생의 2단계가 다음 단계의 결실을 준비하기 위한 가장 중요한 시기인 것이다. 자신의 인생이 싹만 틔우고 멈추게 될지, 아름다운 꽃을 피우고 멈추게 될지, 귀한 결실까지 만들고 멈추게 될지는 오로지 자신의 손에 달려 있다. 싹을 틔우고 꽃을 피우는 그 과정마다 최선의 노력을 다해야 좋은 결실도 얻을 수 있다.

파릇파릇한 새싹이 돋아나는 것에 심취해 손을 멈춘다면 꽃을 볼 수 없게 된다. 아름답게 피어난 꽃에 도취되어 손을 멈춘다면 열매를 볼 수 없게 된다. 싹이 돋아오르면 꽃을 생각하며 손을 멈추지 말고, 꽃이 피면 열매를 생각하며 손을 멈추지 말아야 묘이불수자 수이불실자(苗而不秀者 秀而不實者)가 아닌 묘이수자 수이실자(苗而秀者 秀而實者)가 된다. 여기에는 도전하는 삶을 살라는 공자의 뜻이 숨어 있다. 한 송이 꽃이 되기 위해, 한 알의 열매가 되기 위해 쉼 없이 노력하는 자연처럼 우리도 가을의 결실을 위해 끊임없는 정진을 해야 한다는 것을 공자는 강조하고 있다.

그러므로 직장인의 때란 바로 지금인지도 모른다. 인생의 꽃을 피우고 열매를 맺게 하는 시작은 바로 지금인 것이다. 평사원이건 과장이건 부장이건 간에 지금 시작이 없다면 내일도 그 시작은 없다. 지금은 아직 불완전하고 준비가 덜 되어 있을지라도 오늘 시작하는 것이 내일 시작하는 것보다 백배 낫다.

不曰如之何
如之何者
吾末如之何
也已矣

공자가 말했다.
어찌할까, 어찌할까라고 스스로 말하지 않는 사람은
나도 이미 어찌할 수가 없다.

불 왈 여 지 하   **논어** 위령공편 제15장
여 지 하 자
오 말 여 지 하
야 이 의

子曰 **"어떻게 할까, 어떻게 할까라고 스스로 말하지 않는 사람은 나도 어찌할 수가 없다."**

스스로 깊이 고민하지 않는 사람은, 스스로 성실히 노력하지 않는 사람은 옆에서 아무리 도와주고 싶어도 어찌할 수가 없다는 말이다. 스스로 궁리하지 않는 사람에게는 만사가 허사라는 것이다. 좋은 직장 나쁜 직장이 따로 있는 것이 아니라 그 안에서 어떻게 일을 하느냐가 더 중요하다. 좋은 직업 나쁜 직업이 따로 있는 것이 아니라 그 안에서 어떤 궁리를 하면서 노력하느냐가 더 중요한 것이다. 스스로 궁리를 하지 않는 사람은 공자조차도 어찌할 수가 없다는 것이니 천하의 공자조차도 손을 들고 포기하는 경우가 바로 이 경우다.

論語 대기업 엔지니어에서 아파트 경비원으로

A씨는 이름만 대면 알 수 있는 대기업에서 15년을 일한 후 3년 전 명예퇴직을 했다. 직장인으로는 쉽게 만져볼 수 없는 상당 금액의 명예퇴직금을 들고 당당하고 자신 있게 회사를 나왔다. 하지만 그의 커리어가 몰락되는 데는 단 3년도 걸리지 않았다. 직업에 귀천이 없다고는 하지만 기술 보고서를 끼고 살았던 대기업 엔지니어에서 2년도 지나지 않아 택배 물건 보관이 주 업무가 되어버린 아파트 경비원으로 커리어가 변경되었다. 퇴직하기 전까지, 아니 퇴직 후 1년이 지날 때까지만 하더라도 국민연금, 국민건강보험, 고용보험, 산재보험 등 4대 보험에 대해서 단 한 번도 심각하게 생각해 보지 않았다. 하지만 현재 그의 가장 큰 고민은 연봉도 근무지역도 아닌 4대 보험이 되었다. 4대 보험만 가능한 곳이라면 그 어디라도 가야만 하는 입장에 놓인 자신을 보게 된 것이다. 대기업에서 6, 7천 연봉을 받으면서도 만족을 못했는데 지금은 4대 보험에 월 100만 원만 넘으면 감사하겠다는 생각을 하는 사람으로 변해버린 것

이다.

대학 졸업 후 회사에 합격하여 첫 출근을 할 때 고향에 계신 부모님의 기뻐하시던 모습은 한동안 잊을 수가 없었다. 퇴직을 하고 난 이후에야 기업의 울타리가 얼마나 안전했는가를 비로소 알게 되었다. 늘 불만스럽고 지겹다고만 생각했던 직장에서의 불편이 혼자만의 착각이었다는 것을 절감하게 되었다. A씨는 마음이 늘 울적했다. 기를 펼 수가 없었다. 자신감이 바닥으로 떨어졌다. 그렇게 시간만 간다고 생각하니 더욱 한스럽기까지 했다. 인생이 이렇게 영원히 무너져내리는 것은 아닌지 답답했다.

📖 여지하의 때를 놓치면 인생의 기회도 놓치게 된다

어디서부터 단추를 잘못 끼운 것일까? 한 기업에서 한두 가지 전문적인 업무의 전문성으로 기업과 국가 경제에 기여를 하고 난 후 뒤이어 올라오는 후배들을 위해 명퇴라는 이름으로 자리를 피해 준 것뿐인데 어디서 커리어가 헝클어진 것인가? 지나간 시간을 아무리 잘게 미분해 보아도 답을 구할 수 없다. 지나간 시간을 아무리 연결하여 적분을 해보아도 시원스런 실마리를 찾아내기가 어렵다.

스스로 나이가 많다고 생각하지는 않지만 자신이 나이 50세는 고용시장에선 이미 거북스러운 나이가 되어버렸다. 40대 후반 중소기업 사장이 50세 퇴직자를 선뜻 고용할 리가 없다. 40대 초반 벤처 사장은 더할 것이다.

여지하(如之何)? 어떻게 할까? 어찌해야 할까? 아무리 궁리를 해도 답이 나오질 않는다. 억울하다는 생각이 잠시도 떠나지 않는다. 답답하다. 문제는 그가 지금껏 여지하(如之何)를 생각하지 않았기 때문이다. 그것도 꼭 필요한 시기에 그것을 놓쳤다는 데 있다.

여지하(如之何)에도 때가 있다. 그 때를 놓치게 되면 기회를 놓치게 되는 것이다. 직장인은 보통 퇴직 후에야 여지하(如之何)를 외친다. 어떻게 해야 하나? 앞으로 무슨 일을 해야 하나? 도대체 어찌해야 좋단 말인가? 백이면 백 고민을 하지 않는 퇴직자는 없다. 하지만 재직 중에는 여지하(如之何)를 생각하지 못한다. 아니 생각하지 않는다. 그 필요성을 느끼지 못하기 때문이다. 크게 고민하지 않아도 일이 된다. 시키는 일만 잘 따라하면 월급을 준다. 특별한 아이디어를 내지 않아도 때가 되면 보너스를 같이 받는다. 업무 실적은 혼자만의 아이디어로 되는 것이 아니라고 확신한다.

직장인에게 휴가는 달콤한 와인과도 같다. 천금 같은 휴가를 알차게 보내려고 부지런한 사람들은 연초부터 여름휴가를 계획한다. 계획을 짜는 과정의 행복도 행복이려니와 어떻게 하면 길지 않은 휴가를 조금이라도 더 알차게 보낼 수 있을까를 고민한다. 그렇게 고민하는 사람들의 블로그를 읽어보면 그들의 휴가는 늘 부러움의 대상이 된다. 똑같은 여름휴가인데 어째서 저들은 저토록 짜임새 있게 알차게 휴가를 보낼 수 있는 것일까.

매년 찾아오는 휴가도 이처럼 계획을 세워야만 알차게 보낼 수 있는데 한 번 가면 다시는 오지 않는 인생에 대해서는 더 말해 무엇하랴. 그런데도 대부분의 직장인들은 자신의 인생에 대해 계획다운 계획을 제대로 세워보지도 못한다. 진지하게 고민하고 사려하는 그런 집중된 시간을 갖기가 어렵다. 설사 마음을 먹고 계획을 세운다 할지라도 이 핑계 저 핑계로 작심삼일이 되기 일쑤다. 대단한 각오로 두툼한 영문법 참고서를 사지만 매번 명사, 전치사 부분만 공부하다 덮고 마는 것처럼.

🀆어찌할까를 궁리하는 사람만이 상급이 된다

가르쳐주는 것도 제대로 못 따라온다면 하급이다. 가르쳐주는 대로 곧잘 따라오면 중급이다. 하나를 가르치면 둘을 알려고 노력한다면 그가 상급이다. 교육에는 하고자 하는 의욕이 가장 중요하다. 배우는 이가 그런 의욕이 없다면 가르치는 이 역시 별다른 방도가 없다. 배우는 이가 지식에 대한 호기심이 없다면 가르치는 이가 아무리 노력을 해도 교육의 효과는 없다.

마찬가지로, 시키는 일도 제대로 못하는 것은 하급이다. 시키는 일만 간신히 하는 것은 중급이다. 시키지도 않는 일까지 깔끔하게 마무리를 하는 것이 상급이다. 하급들이 모여 있는 조직에서는 과장이 일주일 동안 외국으로 출장을 가면 부하사원들은 일단 마음이 놓인다. 일주일 동안 일을 손에서 놓아버려도 누가 뭐랄 사람이 없기 때문이다. 시키는 일이라도 어느 정도 마무리를 해주는 부하사원들과 일을 하는 팀장은 그래도 행복하다. 효율적으로 업무를 분장하고 효과적으로 업무지시를 내리면 되기 때문에 중급의 사원들이 모여 있는 조직은 팀장만 부지런하면 중간은 간다. 가장 행복한 조직은 시키지 않는 일까지도 깔끔하게 마무리를 하는 상급들이 모여 있는 조직이다. 그들에게는 여지하(如之何)의 정신이 있다. '어찌할까? 어떻게 할까?'를 늘 생각하면서 일을 하는 사람들이다.

A씨처럼 10년, 20년 직장생활을 하고도 마땅한 일이 없어 4대 보험을 걱정하고 있다면 이는 분명 커리어의 하급이다. 설사 자신이 원했던 분야가 아닐지라도 입사하여 일을 제대로 배우고 스스로를 적응시켜 10년, 20년 직장생활을 마친 후 그간 했던 일을 바탕으로 새로운 일을 할 수 있다면 그것은 커리어의 중급이다. 자신이 원하는 분야에서 스스로를 개발시켜 일의 성취욕과 행

복을 느끼면서 10년, 20년 직장생활도 하고 제2, 제3의 인생으로 발전시켜 나가는 커리어라면 이는 분명 상급이다.

여지하란 그저 잠깐 지나가듯이 하는 고민을 의미하지 않는다. 회사 흡연실에서 담배를 피우며 '뭔가를 해야 하는데' ' 이대로는 안 되는데' 고민을 하다가도 그 흡연실을 나가는 순간 고민도 함께 사라져버린다면 그것은 진짜 고민이 아니다. 세상에 10분 고민해서 해결되는 것이 있다면 세상은 바로 고민 없는 세상이 될 것이다.

하나를 배우고도 둘을 깨우쳤다면 그는 여지하(如之何)를 궁리하는 사람이다. 상사가 시키는 일만이 아니라 그 이상의 일을 스스로 생각하여 해내는 사람이라면 그 역시 여지하(如之何)를 궁리하는 사람이다. 인생을 어떻게 살아갈까, 어떻게 해야 바른길이 되고 스스로 원하는 길로 갈수 있을까를 궁리하는 사람만이 상급의 인생을 살 수 있다. 배움 앞에서도, 일을 마주해서도, 자신의 인생계획을 놓고도 '어찌 할까? 어떻게 할까?'를 진심으로 고민해 봐야 한다.

知者樂水
仁者樂山
知者動
仁者靜
知者樂
仁者壽

공자가 말했다.
지혜로운 자는 물을 좋아하고 인자한 자는 산을 좋아한다.
지혜로운 자는 활동적이고, 어진 사람은 조용하다.
지혜로운 자는 즐겁게 살고, 어진 사람은 오래 산다.

지 자 요 수　　**논어** 옹야편 제21장
인 자 요 산
지 자 동 인 자 정
지 자 락 인 자 수

子曰 **"물을 좋아하는 지혜로운 사람은 활동적이며 즐겁게 살고, 산을 좋아하는 어진 사람은 조용하며 오래 산다."**

물은 변화를 말한다. 강은 쉼 없이 흘러가고 바다는 영원히 출렁거린다. 지식이나 지혜의 세계는 그런 의미에서 물을 닮았다. 기존의 지식에 새로운 지식이 모여 더 큰 지식이 되고, 어제의 지식에 오늘의 정보가 모여 새로운 지식으로 만들어진다. 지식이 모여 학교가 되고 사회가 되고 무리를 이끌어가는 문화가 된다. 지식 또한 항상 움직이며 끊임이 없다. 흐르는 강물이나 파도치는 바다처럼 늘 새로운 지식을 배우고 익힘에 그래서 지혜로운 자는 활동적이다. 새로운 것을 안다는 것은 즐거운 일이다. 옛것을 익혀 새로운 것을 만들어내는 것은 즐거운 일이고 행복한 일이다. 지자(知者)가 물처럼 그렇다는 것이다.

산은 움직이지 않는다. 세상을 흔드는 천재지변이 아니라면 산은 항상 그곳에서 자리를 지킨다. 산은 흔들림이 없다. 풀과 나무, 수많은 동물들을 품고 생명을 지켜나간다. 세상에서 가장 오랫동안 변함이 없는 것이 산이다. 산은 이 모든 것을 품고 그 어떤 것보다도 더 오래 간다. 인자(仁者)가 산처럼 그렇다는 것이다.

論 물처럼 산처럼

물은 낮은 곳은 채워주고 높은 곳은 감싸주며 자유롭게 흐른다. 추우면 얼음이 되고 더우면 수증기가 되고 구름이 되고 비가 된다. 식물도 동물도 그 어떤 생명도 그 처음은 물로부터 시작되니 물은 생명의 근원이기도 하다. 작은 옹달샘은 시내가 되고 천이 되고 강이 되고 바다가 된다.

지식의 세계가 그 물을 닮았다. 기존의 지식에 새로운 지식이 모여 더 큰 지식이 되고, 어제의 지식에 오늘의 정보가 모여 새로운 지식으로 만들어진다. 지식이 모여 학교가 되고 사회가 되고 문화가 된다. 그러니 지식은 살아있는 물과도 같다.

지자(知者) 또한 그 물의 특성을 닮았다. 사리에 통탈하여 막힘이 없는 지자의 모습이 물을 닮았다. 새로운 지식을 배우고 익힘에 활동적으로 움직이는 지자의 모습이 물을 닮았고, 지나간 것을 익혀 새로운 것을 만들어 내면서, 즐겁고 행복한 모습을 보이는 지자의 모습이 물을 닮았다.

변화에 민감하게 움직이는 지자의 모습과 활동적인 리더의 모습 또한 다르지 않다. 공부가 필요하면 공부에, 경험이 필요하면 경험에, 사람이 필요하면 사람에, 목표가 필요하면 목표에, 시간이 필요하면 시간에, 승진이 필요하면 승진에 물처럼 민감하게 움직이는 모습이 바로 지자의 모습이며 리더의 모습이다.

산은 많은 것을 가지고 있어도 그 어느 것도 구속하지 않는다. 산에는 동물도 나무도 바위도 물도 바람도 고개도 계곡도 있지만 모두 담고만 있을 뿐이다. 산은 변하지도 쉽게 움직이지도 않는다. 눈이 오나 비가 오나 바람이 부나, 해가 떠도 달이 떠도 항상 그 자리에서 자리를 지킨다. 하루아침에 만들어진 산이 없고 하루아침에 사라지는 산이 없다. 인자(仁者)의 마음이 그렇다.

수많은 것들을 품고 있어도 산은 고요하고 흔들림이 없다. 풀과 나무가 자라 숲을 이루고 수없이 많은 동물들이 뛰어다녀도 산은 그 모든 것을 품고 생명을 지켜나간다. 산은 모두를 포용할 뿐이다. 산양이 새끼를 낳아도 산새가 둥지를 틀어도 멧돼지의 다리가 부러져도 산불이 나도 산은 그저 포용할 뿐이다. 그러면서도 산은 세상의 그 무엇보다 오래간다. 토끼나 거북이보다도 소나무나 바위보다도 오래간다. 인자(仁者)의 마음이 그렇다.

우리의 아버지 어머니가 산이었다는 것을 그 분들이 돌아가신 뒤 알게 된다. 우리의 선생님이 산이었다는 것을 졸업 후 한참이 지나면 알게 된다. 우리의 부장님 상무님이 산이었다는 것을 퇴직 후 한참이 지나면 알게 된다. 나의 남편 나의 아내가 산이었다는 것을 오랜 세월이 흐르면 알게 된다.

쉬지 않고 흘러가는 강물처럼 쉼 없이 공부하며 지혜를 쌓아가는 지자(知者)는 활동적인 특성을 가진 물을 좋아하며, 새로운 식견이 넓어지고 세상에 대한 의혹이 없어지니 인생이 즐겁다는 것이다. 많은 것을 품고 있으면서도 산처럼 조용한 인자(仁者)는 사랑을 나누고 용서하는 마음에 오래 살 수 있게 된다고 하는 공자의 가르침이다.

論語 공자와 제자

공자는 40에 지자가 되었고 50에 인자가 되었다. 40에 지자가 되어 불혹이 가능했으며 50에 인자가 되어 지천명이 가능했다. 40에 사람을 제대로 판단할 수 있을 만큼의 지식과 지혜를 갖게 되어 사람들로부터의 유혹됨이나 미혹됨에 흔들리지 않는 지자가 되었다. 50에 자신이 인생을 걸고 해야 할 움직일 수 없는 천명을 찾았고, 인자가 되어 대사구로써 힘든 백성과 노나라를 위해 최선의 정책을 펴고자 했다.

공자의 제자 중 총명하고 사리에 밝았던 자공(子貢)은 지자를 대표하는 제자로 불리고, 조용하고 인자하며 높은 덕을 가진 안회(顏回)는 인자를 대표하는 제자로 불렸다.

사업가이자 외교가였던 子貢

공자는 자공을 말 잘하는 제자로 구분했다. 말이 좋은 자공을 가르칠 때면 공자는 자주 자공의 언변을 지적하곤 했다. 한번은 공자가 "너와 안회 중에서 누가 더 낫다고 생각하느냐?" 라고 물었다. 이에 자공은 "제가 어찌 감히 안회를 넘보겠습니까? 안회는 하나를 들으면 열을 알지만, 저는 하나를 들으면 둘밖에는 모릅니다."라고 대답했다.

자공은 탁월한 외교가, 유세가였다. 자공이 한 번 나서자 노나라가 보존되고, 제나라가 혼란에 빠지고, 오나라가 깨지고, 진나라가 강해지고, 월나라가 패주가 되었다. 자공이 한 번 사신으로 나가자 형세가 깨어져 10년 사이에 다섯 개 나라 모두에 변화가 생긴 것이다.

자공은 또한 탁월한 사업가였다. 자공은 사고팔기를 잘 하여 시세의 변동에 따라 물건을 회전시켰다. 노나라와 위나라에서 재상을 지냈고, 가산이 천금에 이르렀다. 제나라에서 일생을 마쳤다.

공자가 가장 사랑했던 제자 顏回

안회는 공자보다 먼저 죽었다. 학문과 덕이 특히 높아서 공자도 그를 가리켜 학문을 좋아하는 사람이라고 칭송하였고, 또 가난한 생활을 이겨내고 도(道)를 즐긴 것을 칭찬하였다.

"자기를 누르고 예(禮)로 돌아가는 것이 곧 인(仁)이다"라든가, "예가 아니면 보지도 말고, 듣지도 말고, 말하지도 말고, 행동하지도 말아야 한다."는 공자의 가르침을 지켰던 제자였다. 젊어서 죽었기 때문에 저술(著述)이나 업적은 남기지 못했으나 그는 현자(賢者)와 호학자(好學者)로서 덕행(德行)이 뛰어난 인자의 전형이었다.

論語 우리의 일터에서

우리가 학교를 졸업하고 대략 30년 일을 한다면, 그 전반 15년은 자자(知者)의 삶을 후반 15년은 인자(仁者)의 삶을 기준으로 살아가면 좋을 것이다. 사원에서 과, 차장까지는 지자(知者)의 삶을 기준으로 하는 것이 유익할 것이다. 물처럼 활동적인 생활은 조직에 생기를 주게 되고, 직장에서의 시간 또한 빠르고 즐겁게 지날 것이기 때문이다. 조직생활 전반기에는 어디서 어떤 일을 하던지 공부하기를 게을리 해서는 안 된다. 승진은 고사하고 기반조차 잡기가 어렵게 된다. 하루가 멀다 하고 바뀌는 새로움에 대한 빠른 학습과, 활동적이고 생생한 움직임으로 사원 대리 과장시절을 보내야 실력과 함께 강점을 가진 강한 개인이 되며, 조직에서 인정받는 사람이 된다. 그러니 무사안일, 정적인 모습, 느려터진 행동, 느긋한 여유 같은 것은 직장의 전반기에는 멀리 던져버려야 한다.

부장 이상의 리더들은 인자(仁者)의 삶을 모토로 하는 것이 유익할 것이다. 직장 생활의 후반기는 어디서 어떤 일을 하던지 사람대하기에 소홀해지면 발전은 고사하고 월급 받기 조차 어려워진다. 사람이 자산이기 때문이다. 산처럼 포용하고 이해하는 생활은 조직에 활기를 주게 되며 자신역시 조직에서 롱런을 할 수 있게 된다. 사람들을 이해하고 포용하며 조직의 미래를 위한 큰 그림을 그리면서 후반기를 보낸다면, 조직은 강해지고 개인 또한 조직에서 오랫동안 기여할 수 있게 된다. 그러니 작은 것에 집중하기, 틀린 글자 찾아내기, 무사안일, 타인에게 미루기 같은 것은 직장 후반기엔 멀리 던져 버려야 한다.

🔲 우리의 삶에서

우리가 정말 100년을 산다고 하면 50세 까지는 지자의 삶을 살고 50 이후부터는 인자의 삶을 살아보면 좋을 것이라 생각한다.

10대엔 파도처럼 밀려드는 세상의 이치와 지식을 더 열심히 공부하라고, 20대엔 폭포처럼 세차게 더 적극적이고 활동적으로 뛰어다니라고, 30대엔 강물처럼 열심히 일을 배워보라고, 40대엔 호수처럼 유유하게 재미있게 살아보라고 공자는 지자요수(知者樂水)를 말하지 않았을까?

50대엔 뒷동산만큼 이라도 더 이해해 주라고, 60대엔 남산만큼 이라도 더 용서해 주라고, 70대엔 한라산처럼 보듬어 주라고, 80대엔 태백산맥처럼 나누어 주라고 인자요산(仁者樂山)을 말한 것이 아니었을까?

젊은이는 물같이 늙은이는 산같이, 젊은이는 활발하고 늙은이는 여유 있고, 젊은이는 공부하고 늙은이는 사랑 주고, 젊은이는 즐겁고 늙은이는 오래살고, 젊은이는 총명하고 늙은이는 인자하고, 젊은이는 도전하고 늙은이는 품어주고, 젊은이는 명랑하고 늙은이는 그윽하고, 젊은이는 강물처럼 늙은이는 고봉처럼, 젊은이는 젊음을 늙은이는 품위를, 젊은이는 지자로 늙은이는 인자로, 젊은이는 물을 좋아하고 늙은이는 산을 좋아하는, 활기차고 평화롭고 조화롭고 감싸주는 그런 세상, 요산요수(樂山樂水) 세상을 2500년 전에 공자는 꿈꾸었던 것이 아니었을까?

直직장 전반기 10년은 변화에 집중하라

직장인은 물처럼 늘 살아 움직여야 한다. 변화에 민감해야 한다. 환경의 변화에 민감하게 대처해야 리더가 될 수 있다. 입사와 더불어 공부를 다시 해야 한다. 학생 때와는 다른 방법과 생각으로 진짜 공부를 시작해야 한다. 그간의 공부가 학점과 스펙을 만드는 공부였다면 취직 후 실무에서 하는 공부는 필요와 완성과 인생을 위해서 꼭 필요한 공부다. 대학이나 대학원에서 전공으로 철저히 무장을 했다고 해도 입문교육 후 부서로 배치되어 바로 업무를 처리할 수 있는 신입사원은 거의 없다. 뭉뚱그려진 이론이나 그간 배운 원론이 부족하기 때문이 아니라 실제 생산되는 제품의 기술과 이론의 간격을 빨리 줄여야 하기 때문이다. 빠른 세상의 변화에 대처해 나가기 위해서는 흐르는 강물처럼 쉼 없이 파고 들어야 한다. 업무의 실력자가 되어야 그 다음을 도모할 수가 있기 때문이다. 업무지식 없이 개인 브랜드를 만들어 역량을 키운다는 것은 모래 위에 집을 짓는 것과 다름이 없다.

같은 직장인이라도 대리와 과장 시기 10여 년을 어떻게 보내느냐에 따라 많은 것이 갈리게 된다. 커리어는 물론 인생 자체도 갈리는 중요한 시기이다. 그러므로 이때 변화의 흐름을 놓쳐서는 안 된다. 직장인에게 대리와 과장 시절은 비교적 안정적인 시기라 할 수 있다. 대리직급에 있을 때가 평사원 시기를 거쳐 업무적으로 어느 정도 자심감이 생기는 시기라면 리더십을 발휘하고 전문성이 깊어지는 시기가 과장직급에 있을 때이기 때문이다. 더구나 구조조정을 하더라도 부장 직급 이상이 불안하지 일 잘하고 자신감 넘치는 대리나 과장들은 선택을 당하지 않는다. 그래서 이 기간 10년을 방심하는 대리와 과장들이 의외로 많다. 주중보다는 주말이나 휴일 일정을 더 신경 쓰고, 일보다는 레저에 더 많은 시간을 보내고, 불투명한 미래보다는 즐거운 현재를 더 의미 있게 보내려고 하는 경향이 많은 것이다.

20:80의 법칙을 적용한다면 대리와 과장 시기 10여 년은 인생에서 가장 중요한 '20'에 해당되는 기간이다. 왜냐하면 이 10년은 이미 지나간 과거의 후

회를 만회하고 40대 중반 이후 남은 40년 이상의 인생을 행복하게 보낼 수 있는 커리어의 터전을 준비할 유일한 기간이기 때문이다. 그러므로 모두가 방심하기 쉬운 이 10년 동안 해야 할 가장 중요한 일은 자기브랜드를 선택하고 노력하여 완성하는 일이다. 그것이 40대 이후 행복하고 즐거운 인생을 꿈꿀 수 있는 지자락(知者樂)의 길인 것이다.

▨ 직장 후반기 10년은 사람에 집중하라

대리와 과장을 거쳐 직급이 부장에 이르게 되면 부하사원들을 이끄는 리더십이 무엇보다 중요하다. 사람을 모으고 사람을 키우는 인자(仁者)의 길이 요청되는 것이다. 물론 부장이 되어서도 세상의 빠른 지식의 흐름을 놓쳐서는 안 되겠지만 산 같은 포용력을 바탕으로 한 정중동(靜中動)의 리더십을 키우는 것만큼 중요한 일은 없다. 기업의 간부나 임원이 쉽게 흔들려서는 일관성 있게 일을 추진하기가 어려워진다. 또 조삼모사하고 임시변통에 능한 리더는 결코 존경받는 부서장이 될 수 없고 기업문화에도 악영향을 끼친다.

공자의 제자가 물었다. '인(仁)이 무엇입니까?' 공자가 답했다. '인은 애인(愛人)이다.' 즉 사람을 사랑하는 것이 인(仁)이라는 말이다. 인(仁)이라는 글자는 사람(人) 둘(二)을 합해놓은 모양으로 사람들이 세상을 문제없이 살아가자면 서로 사랑해야 한다는 어진 뜻이 숨어 있다. 부장이나 임원이 되어서도 제 앞길이 급급하여 혼자만을 위해 다른 사람들을 돌아보지 않는다면 그 조직을 믿고 따라올 부하들이 어디 있겠는가? 부장이 되고 임원이 되면 여유를 가지고 사람을 볼 줄 알아야 한다. 사람을 사랑할 줄 알아야 한다. 사람을 슬기롭게 부릴 줄 알아야 한다. 조직을 슬기롭고 효과적으로 운영하기 위해 가장 먼저 해야 할 일 중의 하나가 사람을 사랑하고 포용해 주고 인정해 주는 산 같은 마음인 것이다. 그것이 바로 리더의 업무 역량인 것이다.

결론적으로 직장인으로서 자신의 미래를 효과적으로 준비하기 위해서는 대리나 과장 때까지는 지자의 정신으로, 부장 이후에는 인자의 정신으로 임해야 한다는 것이다. 부장이 되기 전까지는 변화의 흐름을 놓치지 않고 새로운 업무지식과 실무역량을 만들어가는 것이 무엇보다 중요하다.

사원이 산처럼 움직임이 없어서는 안 되며, 대리가 실무지식은 없고 사람 관리만 하려 들면 안 된다. 또 과장은 정중동의 리더십을 펼치기엔 아직 이르다. 하지만 임원이 되었는데도 미주알고주알 작은 것만 따져서는 큰일을 도모할 수 없다. 지자(知者)의 고개를 넘어 부장이 되고 임원이 되면 사람이 눈에 들어와야 하는 것이다.

그러므로 부장이 되기 전까지는 실무적으로 업무적으로 최고가 되어 확실한 자기브랜드 역량을 키우는 데 최선을 다하고, 부장으로 승진한 다음부터는 인자(仁者)의 리더십을 키우는 데 최선을 다하는 것이 직장인으로서 멋진 커리어를 만들어가는 방법인 것이다.

年四十而
見惡焉
其終也已

공자가 말했다.
나이 마흔이 되어서도 미움을 받는다면
그것은 이미 끝난 것이다.

연 사 십 이
견 오 언
기 종 야 이

논어 양화편 제26장

子曰 **"나이 마흔이 되어서도 미움을 받으면, 그것은 이미 끝난 것이다."**

공자는 타인으로부터 미움을 받는 사람을 이렇게 정의했다. 다른 사람의 나쁜 점을 말하는 사람, 아래에 있으면서 윗사람을 욕하는 사람, 용맹하기는 하되 예의가 없는 사람, 과감하지만 앞뒤가 꽉 막힌 사람.

직장생활을 하다 보면 어디서나 이런 유형의 사람들을 흔히 볼 수 있다. 어쩌면 당신 또한 이러한 유형에 속할지도 모른다. 하지만 윗사람을 밥 먹듯이 씹어대는 자신 또한 머지않아 부하직원들의 밥이 된다는 사실을 알게 되기까지 그리 오랜 시간이 걸리지 않는다. '나이 마흔이 되어서도 미움을 받는다면 그것은 이미 끝난 것이다'라는 공자의 말은 미움을 받더라도 40대 이전엔 고칠 가능성이 있지만 40이 넘도록 자신의 문제점을 모른 채로 직장생활을 한다면 그 사람은 더 이상 보지 않아도 끝이 자명하다는 뜻이다.

論語 40대, 나조차 나 자신을 미워하게 되는 나이

직장생활을 어렵게 하는 원인의 8할 이상이 인간관계에서 비롯된다고 한다. 미래가 불투명해서 힘든 것보다 바로 곁에서 매일 얼굴을 맞대고 일하는 미움 덩어리 상사나 동료 때문에 힘든 경우가 더 많은 것이다. 하지만 생각해 보면 사실 마움의 8할은 나로부터 만들어지는 것일지도 모른다. 상사나 동료의 좋은 점보다는 나쁜 점을 자주 입에 올리고, 스스로 고치기보다는 늘 부족한 상사 때문이라며 책임을 회피하고 있다면, 회사의 질서를 무시하고 예의 없이 좌충우돌하고 있다면, 열심히 한다고 하지만 앞뒤가 꽉 막힌 독불장군 식으로 일을 하고 있다면 그 8할의 책임은 분명 자기 자신에게 있는 것이다. 불혹인 마흔이 되도록 주변 사람들로부터 그런 처신으로 인해 눈치나 미움을 받는다면 그것은 더 이상 재기하기가 어렵다는 공자의 강력한 경고가 섬뜩하지 않은 직장인이 얼마나 될까?

과장이 되어서도 고치지 못하고 부장이 되어서도 마찬가지라면 그 어떤 회사에서도 그런 간부를 임원으로 승진시키지는 않을 것이다. 그러니 임원을 꿈꾸는 조직의 간부라면 공자가 말하는 마흔의 경고를 잘 새겨들어야 할 것이다.

하지만 타인에게 미움을 받는 것보다 더 큰 괴로움은 자기 스스로에게 미움을 받는 것이다. 아직 밀려나진 않았지만 구조조정을 걱정하고 있는 자신을 바라볼 때, 나이 사십에 그 어떤 독특한 브랜드나 특기도 없는 무미건조한 직장인인 자신을 바라볼 때, 일요일에 잠으로 하루를 다 보내고 나서도 월요일이면 또 쉬고 싶은 갈증을 느끼는 자신을 바라볼 때, 한 달이 지나도 책 한 권 읽지 못하는 자신을 바라볼 때 자신이 미워진다.

대부분의 젊은 직장인들은 마흔이면 모든 것이 다 안정적으로 갖추어져 있을 거라고 믿으며 20대와 30대를 보낸다. 당연히 결혼하여 아이들은 학교에 잘 다니고 있을 것이고, 크지는 않아도 30평대 아파트에 잘 굴러가는 중형세단은 굴리고 있을 것이고, 더 이상 미래 준비에 허덕이며 하루하루를 연명하듯 살고 있지는 않을 것이라고 믿는다. 직장생활은 그만 접고 어려서부터 하고 싶었던 일을 여유 있게 시작할 수 있을 것이라고, 계절이 바뀔 때마다 가족여행을 떠나고 해가 바뀔 때마다 해외여행을 다니면서 아이들에게 꿈을 심어주는 그런 부모가 되어 있을 것이라고 생각한다.

하지만 정말 그럴까. '어어' 하는 사이에 마흔은 훌쩍 지나가게 된다. 어느 것 하나 이룬 것 없이 시간만 흘러갔음을 느끼게 될 때 그것이 미움이 되어 자신에게로 돌아온다. 회한이 되어 밀려든다. 마흔이 되기 전 그토록 많은 시간의 기회가 있었지만 되돌아보면 10년 전과 비교해 아무런 변화가 없는 지지부진한 시간의 연속이었음에 스스로가 미워지는 것이다.

論語 당신에게도 곧 마흔이 온다

독일 우화에 이런 이야기가 있다. 당나귀, 개, 원숭이, 인간에게 공평하게 30년의 수명을 주었으나 당나귀, 개, 원숭이는 수명이 너무 기니 줄여 달라고 했고, 인간은 너무 짧다며 늘려달라고 했다. 그래서 신은 당나귀는 12년, 개는 18년, 원숭이는 20년으로 줄여주고, 남는 수명을 모두 더해 인간에게 주어 70세까지 살게 되었다. 그래서 인간은 30년은 사람처럼 살고 다음 18년은 당나귀, 다음 12년은 개, 마지막 10년은 원숭이처럼 살게 되었다는 이야기다. 무거운 짐을 숙명처럼 지고 걸어야 하는 당나귀의 삶이 바로 마흔인 것이다.

직장인 나이 40이면 보통 차장 직급에 해당된다. 빠르면 부장이나 차장, 늦으면 과장 직급에 오르는 나이다. 직장인이면 누구나 안다. 숨죽이는 직급의 이름 차장. 더 이상 올라가기도 어렵고 그렇다고 머물러 있기는 더욱 어려운 애매한 이름의 직급 차장. 인정하기 어렵겠지만 40대 중후반의 직장인은 누가 가르쳐주지 않아도 회사에 계속 머무를 수 있는 것인지 아니면 시기를 봐서 회사를 떠나야 하는지를 알게 된다. 그러니 마지막 승부수를 띄워야 하는 절대 절명의 나이가 바로 마흔인 것이다.

스물일곱 살에 기업에 입사하여 20년 동안 한곳에서 일을 하고 마흔일곱 살에 퇴직을 한 사람이 있다. 그는 사원, 대리, 과장, 차장을 거쳐 부장까지 승진했다. 처음에는 손바닥만 한 일도 헉헉거렸으나 과장이 되고 차장이 되면서 집채만 한 일도 단숨에 해치워버리는 선수가 되었다. 그러던 그가 직장에서 단 한 마디 말도 못하고 밀려났다.

퇴직 후 채 3개월도 지나지 않아 집안엔 찬 기운이 감돌기 시작했다. 20년 동안 한눈 한번 팔지 않고 죽도록 일만 했는데 직장에서 밀려나 6개월이 지나니 스스로 기가 죽었다. 소심해진 그는 아내의 눈치를 봤고 6개월 놀았다는 죄로 얼굴조차 들지 못한다. 20년 일하고 반 년 쉬는 것이 분명 크게 잘못된 일은 아니다. 그 정도면 다른 사람의 경우에는 모두 용서가 된다. 하지만 그게 내 남편일 때는 용서가 어려워지는 것이다.

20대 때에는 마흔이 너무 멀리 있다. 30대 역시 10년 후 마흔이 그리 실감이 나지 않을 것이다. 아마도 자신의 나이 마흔에는 안정적인 가정에 풍족한 삶이 충분히 가능할 것이라 믿고 있을 것이다. 직장인들 중에는 막상 마흔이 되어서도 마흔을 실감하지 못하는 경우도 허다하다. 지금 당장 큰 문제가 있는 것은 아니기 때문에 지금처럼만 유지되기를 바라면서 하루하루를 무난하게 보내고 있는 것이다. 과장이나 차장 혹은 이른 부장급의 위치에서 나름 보람도 있고 권위도 있고 재미도 있는 그런 시간이기 때문에 때때로 찾아오는 막연한 불안감쯤은 모른 척 외면하고 지나가는 것이다.

그러나 나이 오십이 되면 사정이 달라진다. 서른다섯에서 마흔 다섯까지의 시기가 인생에서 가장 중요한 나이였음을, 보통의 직장인이 자기만의 인생을 살아가기 위해 터닝을 할 수 있는 유일한 시기가 그때였음을 비로소 깨닫게 되기 때문이다. 그러니 직장인에게 서른다섯 전후를 전략적으로 보내는 것만큼 중요한 일은 없다. 그래야 사십의 미움을 극복할 수 있게 되고 오십의 후회를 줄일 수 있게 된다.

부록

1강_ 吾嘗終日不食 終夜不寢 以思無益 不如學也
오 상 종 일 불 식 종 야 불 침 이 사 무 익 불 여 학 야

嘗(일찍)상	終(끝낼)종	寢(잠잘)침
益(유익할)익	如(같을)여	也(어조사)야

2강_ 學而時習之 不亦說乎 有朋自遠方來 不亦樂乎
人不知而不慍 不亦君子乎
학 이 시 습 지 불 역 열 유 붕 자 원 방 래 불 역 락 호
인 부 지 이 불 온 불 역 군 자 호

學(배울)학	習(익힐)습	亦(또)역
說(기쁠)열	乎(어조사)호	

3강_ 有敎無類
유 교 무 류

有(있을)유	敎(가르칠)교	無(없을)무
類(무리)류		

4강_ 溫故而知新 可以爲師矣
온 고 이 지 신 가 이 위 사 의

溫(따뜻할)온	故(연고, 옛)고	新(새)신
爲(할)위	師(스승)사	矣(어조사)의

5강_ 性相近也 習相遠也
성 상 근 야 습 상 원 야

性(성품)성	相(서로)상	近(가까울)근
習(익힐)습	遠(멀)원	也(어조사)야

6강_ 學如不及 猶恐失之
학 여 불 급 유 공 실 지

如(같을)여	及(미칠)급	猶(오히려)유
恐(두려울)공	失(잃을)실	之(갈)지

7강_ 學而不思則罔 思而不學則殆
학 이 불 사 즉 망 사 이 불 학 즉 태

而(어조사)이	思(생각)사	則(곧)즉
罔(없을, 그물)망	殆(위태할, 거의)태	

8강_ 仕而優則學 學而優則仕
사 이 우 즉 학 학 이 우 즉 사

仕(벼슬)사	而(어조사)이	優(넉넉할)우
則(곧)즉	學(배울)학	

9강_ 吾日三省吾身 爲人謀而不忠乎 與朋友交而不信乎 傳不習乎
오 일 삼 성 오 신 위 인 모 이 불 충 호 여 붕 우 교 이 불 신 호 전 불 습 호

省(살필)성	謀(꾀)모	忠(충성)충
與(더불)여	信(믿을)신	傳(전할)전

10강_ 譬如爲山 未成一簣 止 吾止也 譬如平地 雖覆一簣 進 吾往也
비 여 위 산 미 성 일 궤 지 오 지 야 비 여 평 지 수 복 일 궤 진 오 왕 야

譬(비유할)비	簣(삼태기)궤	止(멈출)지
雖(비록)수	覆(부을)복	進(나아갈)진

11강_ 君子務本 本立而道生
군 자 무 본 본 립 이 도 생

君(임금)군	務(힘쓸)무	本(근본)본

12강_ 先行其言 而後從之
선 행 기 언 이 후 종 지

先(먼저)선	行(다닐)행	其(그)기
言(말씀)언	後(뒤)후	從(좇을)종

13강_ 君子不器
군 자 불 기

器(그릇)기		

14강_ 無友不如己者 過則勿憚改
무 우 불 여 기 자 과 즉 불 탄 개

如(같을)여	己(자기)기	過(허물)과
勿(말)물	憚(꺼릴)탄	改(고칠)개

15강_ 無欲速無見小利 欲速則不達 見小利則大事不成

무 욕 속 무 견 소 리 욕 속 즉 부 달 견 소 리 즉 대 사 불 성

欲(하고자할) 욕	速(빠를) 속	見(볼) 견
利(이로울) 리	達(통달할) 달	成(이룰) 성

16강_ 知之者不如好之者 好之者不如樂之者

지 지 자 불 여 호 지 자 호 지 자 불 여 락 지 자

知(알) 지	如(같을) 여	好(좋아할) 호
不(아니) 불	樂(즐거울) 락	之(갈) 지

17강_ 不患人之不己知 患不知人也

불 환 인 지 불 기 지 환 부 지 인 야

不(아닐) 부, 불	患(근심) 환	己(자기) 기
知(알) 지		

18강_ 三人行 必有我師焉 擇其善者而從之 其不善者而改之

삼 인 행, 필 유 아 사 언 택 기 선 자 이 종 지 기 불 선 자 이 개 지

行(갈) 행	師(스승) 사	焉(어찌) 언
擇(가릴) 택	從(좇을) 종	改(고칠) 개

19강_ 與人歌而善 必使反之 而後和之

여 인 가 이 선 필 사 반 지 이 후 화 지

與(더불어, 같이) 여	歌(노래) 가	善(착할, 잘할) 선
使(시킬) 사	反(반복할) 반	和(화합할) 화

20강_ 有一言而可以終身行之者乎 其恕乎 己所不欲 勿施於人

유 일 언 이 가 이 종 신 행 지 자 호 기 서 호 기 소 불 욕 물 시 어 인

有(있을) 유	終(마칠) 종	欲(하고자할) 욕
勿(말) 물	施(베풀) 시	於(어조사) 어

21강_ 後生可畏 焉知來者之不如今也

후 생 가 외 언 지 래 자 지 불 여 금 야

畏(두려워할) 외	知(알) 지	聞(들을) 문
斯(이것) 사	亦(또) 역	

22강_ 吾十有五而志于學 三十而立
오 십 유 오 이 지 우 학 삼 십 이 립

吾(나) 오	志(뜻) 지	于(어조사) 우
學(배울) 학		

23강_ 富而可求也 雖執鞭之士 吾亦爲之 如不可求 從吾所好
부 이 가 구 야 수 집 편 지 사 오 역 위 지 여 불 가 구 종 오 소 호

富(부유할) 부	求(구할) 구	雖(비록) 수
執(잡을) 집	鞭(채찍) 편	從(따를) 종

24강_ 人無遠慮必有近憂
인 무 원 려 필 유 근 우

遠(멀) 원	慮(염려할) 려	必(반드시) 필
有(있을) 유	近(가까울) 근	憂(근심) 우

25강_ 三軍可奪帥也 匹夫不可奪志也
삼 군 가 탈 수 야 필 부 불 가 탈 지 야

軍(군사) 군	可(가할) 가	奪(빼앗을) 탈
帥(장수) 수	匹(짝) 필	

26강_ 歲寒然後知松柏之後彫也
세 한 연 후 지 송 백 지 후 조 야

歲(해) 세	寒(찰) 한	然(그럴) 연
松(소나무) 송	栢(잣나무, 측백)백	凋(시들) 조

27강_ 苗而不秀者有矣夫 秀而不實者有矣夫
묘 이 불 수 자 유 의 부 수 이 부 실 자 유 의 부

苗(모) 묘	秀(빼어날) 수	矣(어조사) 의
夫(지아비) 부	實(열매) 실	

28강_ 不曰如之何如之何者 吾末如之何也已矣
불 왈 여 지 하 여 지 하 자 오 말 여 지 하 야 이 의

如(같을) 여	之(갈) 지	何(어찌) 하
吾(나) 오	末(끝) 말	矣(어조사) 의, ~이다

29강_ 知者樂水 仁者樂山 知者動 仁者靜 知者樂 仁者壽
지 자 요 수 인 자 요 산 지 자 동 인 자 정 지 자 락 인 자 수

| 仁 (어질) 인 | 樂 (즐거울) 락 | 動 (움직일) 동 |
| 靜 (고요할) 정 | 壽 (목숨) 수 | |

30강_ 年四十而 見惡焉 其終也已
연 사 십 이 견 오 언 기 종 야 이

| 惡 (미워할) 오, (악할) 악 | 焉 (어찌) 언 (~와같다) | 其 (그) 기 |
| 終 (마칠) 종 | 也 (어조사) 야 | 已 (이미) 이 |